U0023364

社會科學概論

第四版

Introduction of Social Science

葉至誠 / 著

序

「教育是我們可以用來改變世界最強而有力的利器。」

——納爾遜・曼德拉（Nelson Mandela）

　　社會科學是以社會現象為研究對象的科學知識，社會現象被認為是宇宙間一種運動形式。凡社會生活的形式、內容、組織、作用，以及過去和現在的種種事實和人類策劃改進社會生活的各項理想、計劃和方法，都屬於社會科學研究的範圍。由於社會生活範圍極廣，所以社會科學包括：心理學、人類學、政治學、經濟學、法律學、歷史學、社會學等，它們各自對社會現象的各個方面進行專門的研究。同時，隨著人類生產和科學技術的不斷發展，各門社會科學之間以及社會科學與自然科學之間都有相互滲透、相互影響和相互合作的趨勢。

　　社會科學的宗旨是為個人適應及充實社會的發展而作為，體現「知為行之始，行為知之成」。隨著科技的急遽變化，如何發揮大眾在社會科學議題上的參與，以型塑成熟的公民社會，成為社會大眾所關注。社會科學在今日扮演了溝通人文素養與科學知識兩大領域的責任，是要培養在社會中個人生存發展所須具備的基本知識與涵養的過程，以期現代公民具有理性評估、周延推理、清楚溝通、瞭解知識、探究問題、講求方法等能力。

　　社會科學是用科學的方法，研究人類社會的種種現象。社會現代的表徵有：教育水準的提升、社會福利的加強、電子媒體的普及、男女地位日趨平等……等，要想探索現代社會是如何進行的，即現代化的歷史發展過程，可以說是一件是相當複雜的事，其中的過程有充滿挑戰的、偶發的各項事件，而且不同地區的社會可能會有不同的發展型態。透過

特定社會議題的分析與討論，以培養獨立思考與觀察社會與自身間關係的能力。

　　社會科學是人類在社會中行爲之研究，所有人類行爲都發生在某個社會背景中。該背景包括文化、團體、社會互動以及社會制度的影響，且以上所述皆扮演著形塑人類行爲與思考的重要角色。社會科學是研究社會及其對人類團體影響的一種科學思維，著重適度地使用科學方法，以兼備人文社會、科技知識的素養，深入分析社會現象，以協助能探索自己、認識自己、接納自己，開啓有效的人際互動，關注社會影響與人際行爲的議題。

　　社會科學知識能關切人類社會，對社會現象作探討，以充分地理解到社會知識的起源和發展重心，並進一步發展科學知識對現實社會的觀察與思辨能力，將所學用於自己週遭的人際關係及生活中，藉此培養自己具有開闊的視野面對現實生活環境，進而養成對社會關懷的能力。

　　第一，藉由相關理論的介紹，以認識人類社會發展各基本面向。
　　第二，正視人類存在的價值，以肯認多元文化並具備公民素養。
　　第三，拓展視野並培育面對社會變遷與發展的思考力與行動力。

　　爲了能使「社會科學蘊育現代公民，現代公民開創優質社會」，培育對社會現象的思考，並進行邏輯的推演，並形塑對於多元文化的認識與公民素養。本書選擇了十四個主題，以期能爲現代社會做導引和公民素養做的啓蒙。

　　本書的完成感謝揚智文化公司閻富萍總編輯及諸先進的玉成，方能使斷簡殘篇的文字得以彙集成冊。然而限於才疏學淺、腹笥甚儉，撰述或援引有謬誤之處，祈請方家讀者不吝批評賜正。

葉至誠 謹序

二○二一年六月

目　錄

社會科學概論

 Chapter 4　社會科學發展的領航人(一)　59

 Chapter 5　社會科學發展的領航人(二)　77

Chapter 6　社會科學發展的領航人(三)　95

Chapter 7　心理學概要　113

Chapter 8　人類學概要　135

Chapter 9　社會學概要　149

Chapter 10　經濟學概要　171

Chapter 11　政治學概要　189

Chapter 12　管理學概要　207

Chapter 13　法律學概要　227

Chapter 14　傳播學概要　251

Chapter 1

社會科學的基本概述

社會科學是運用科學的方法，研究人類社會的各種現象，以及探究人類文化與其周遭環境的關係，包括：個人心理與社會行為、社會發展與社會生活、政治行為與政治參與、經濟發展與經濟生活。促使人們瞭解社會現象的內涵，增進對社會行為的認識，進而強化參與社會生活及適應社會變遷的能力，甚而是對社會問題的解決。

 第一節　社會科學產生的背景

任何一門學問的建立，除了有它自己的理論及研究方法外，還必須與外在的社會、歷史環境相互配合，尤其是社會科學，它的發展歷程更是與外在環境息息相關。換言之，社會科學的建立，並非是研究學者所構築的空中樓閣，而是深植在歷史的脈絡之中。社會科學從社會中產生出來，必定會受到社會環境和文化意識的影響。

一、理性主義的興起

(一)傳統社會的結束

自十五世紀開始的四、五百年間，在西歐發生了巨大的變化，封建莊園的解體，貴族的沒落，科學技術的進步與工業化的展開，代表著傳統農業社會的結束，以及一個新的社會的到來。傳統社會中，人與人之間的倫理關係逐漸瓦解，取而代之的是一個立基在自由競爭之上的市場，以及獨立的科學體系。隨著發現新大陸，帶來了商業體系的擴充，另一方面，中國的火藥、指南針和印刷技術的西傳，也造成深遠的影響。尤其是印刷技術所製造出來的「書籍」，與以往的不同，更能夠將思想和觀念快速地傳播，產生極大的影響力。這對於文藝復興運動、宗

2

教改革、政治和社會革命等，均產生了極大的作用。

中古後期除了回教學術文化大量傳往歐洲外，還有許多亞洲發明的文物，如中國發明的造紙技術、印刷技術、羅盤、火藥、算盤等，也都經由回教徒的媒介而轉往歐洲；甚至歐洲人的衣飾和飲食習慣，也都受到東方的影響。因此，歐洲人對於東方日用品的需要量大增，這種需要也是引起日後新航路發現的原因之一。

(二)中等階級的發展

在黑暗時代的末年，原在歐洲橫行流竄的蠻族都已據地定居，戰亂的破壞較前減少，社會漸趨安定，商業活動隨之復興。首先產生的是「市集」，農民攜其自製的物品到市集販賣，互易有無。

到了十一世紀以後，東西交通恢復，歐、亞兩洲人民接觸頻繁，加以歐洲人學會了不少東方人的生活方式，對於亞洲生產的物品如香料、絲綢、棉布、糖、珠寶等的需要量大增，因此上述物品乃不斷地輸往歐洲。由於外來的商品與歐洲製造的商品交相匯集，造就了商業活動的範圍日益擴大，於是許多地點適中、交通便利的市集，乃逐漸變成人口稠密的城市。

歐洲城市的興起，也與商人的內部團結有關。在歐洲商業復興初期，其商人一則為了防止盜匪的侵襲，二則為了抵抗封建領主的欺凌勒索，除在城市周圍建築城牆、自備武力以求自保外，還加強了商人內部的團結，他們組織各種行會（guild），如商人行會、工人行會等。商人團結最初的目的本求自保，後來卻成為對外爭取權利的組織。得到自治權的城市，稱為「自由城市」，自由城市取得自治權後，居民就可按照自己決定的方式，推舉市內最有財勢的人物當市長（mayor），並選舉代表組織議會，議定各種法律，自設法官來審判案件；甚至可以自鑄錢幣、組織軍隊，對外派遣外交使節，享有宣戰、媾和的權力。歐洲商業復興與城市興起，使過去呆滯的歐洲經濟活躍起來，不少封建領主

因貪戀城市中舒適的生活，離開莊園而遷入城市居住，甚至還參加工商業的經營。歐洲城市日益擴大，城市居民不斷增加，於是形成一個新階級，地位介乎貴族教士與農奴之間，因此稱為「中等階級」（middle class）。中等階級由於經營工商業而財力日益雄厚，知識日益發達，而這一新階級就逐漸產生新的要求。後來歐洲的一切變化，多與中等階級的新要求有關。近代歐洲的歷史，簡單說來，即是中等階級興起的歷史。

二、文藝復興的展開

(一)文藝復興

　　西元十四世紀間，義大利著名的文學家佩脫拉克（Petrarch）、薄伽丘（Boccaccio）等，提倡研究古羅馬時代的文學、歷史、哲學等拉丁文著作。同時還有不少拜占庭帝國的學者，到歐洲大學裡去教授希臘文字和文學、哲學等著作。於是歐洲人研讀古代希臘、羅馬著作的風氣隨之興起，後來史家就稱這一段重新研讀古書的風氣為「文藝復興」（Renaissance）。該階段中鼓勵創新表達方式的藝術家、貴族和哲人，他們放棄傳統神學式的思考習慣，轉而追求古希臘的古典傳統，以往由宗教所控制的觀念漸漸被「人文主義」（Humanism）的精神所取代，它代表著一個人文主義時代的到來。自此以後，西方人逐漸擺脫了神學的全面控制，將「人」的地位日漸提高。這種對「人」的重視對於日後社會科學的建立，有重大的意義。

　　文藝復興時代，歐洲學者所讀的典籍，大都是基督教產生以前的著作。哲學探討「人」的問題，文學描述「人」的感情，歷史記錄「人」的活動。學者乃在著作之中，逐漸體會出「人生」的滋味，開始領悟到社會應以「人」為中心，一個人應該著重現世的生活，發揮個人的才

能，解除各種人爲的束縛。這些觀念集合起來，就產生了「以人爲中心」的「人文主義」，和過去「以神爲中心」的思想完全相反。人文主義的興起，對後來歐洲各種思想的產生影響很大，如個人主義、自由主義、民主主義等，都是在以人爲本位的觀念上逐漸產生出來的。

(二)宗教改革

　　另外一個重大改變就是「宗教改革」。中古歐洲人與宗教的關聯密切，但在十四世紀已開始有所變化，主要是城市中的市民受到理性生活的影響，這些市民要求一種系統化的、反巫術的、合乎邏輯的基督教義，以能夠對於現世保持實際的關切。由於在宗教改革的風潮下，人的世界觀不再被巫術所左右，隨後而起的基督新教所影響的，不僅僅只是單純的教義改變，而是一種深入教徒現世生活的倫理觀和生活方式的改變。

　　歐洲自從創立大學以後，民智大開，社會上讀書風氣漸濃，除了讀拉丁文的書籍以外，還讀本國文字寫成的文學作品，各種文化活動都活躍起來。大學的設立也因而影響另一個重要制度的建立，即自主的科學體系。從文藝復興、宗教改革到啓蒙運動，一波波的思潮促使「人」的地位漸漸提高，人文主義的精神開始從宗教中解放出來。人們已開始將大自然視爲可以被人類利用、控制和開發的客體，而不再是一個神祕不可解的事物。此時，一種新的思考方式和知識形式──「科學」出現了。科學是一種反對「玄思冥想」和重視實證經驗的思想。科學家已從神學家、形上學家和道德哲學家的束縛中獨立出來，成爲一種專業性的角色。大學此時已成爲科學發展的中心，到了十九世紀，各門科學的分化和專業化大量出現，大學中各種科系的建立，就是科學專業化的具體成果。

　　從上述的歷史背景可知，工業革命以後，人類社會不斷發展，所謂文明開化一日千里，社會組織與結構逐漸趨向複雜化，人類試圖對於所

處的社會進行瞭解，欲望也就愈形迫切，因此有社會科學的出現。考諸西方社會的歷史，在市民社會出現以前，傳統規範對個人的思考產生很大的束縛，此種情況直到中世紀時期，神權至上的權威遭到否定，自此個人得以脫離社會規範的束縛，才營造出社會科學發展的環境。亦即思想家可以客觀地對社會事實加以探討，提出個人的研究心得。社會科學的開創與發展固然有其歷史背景及因素，但亦與社會科學研究者的思維與理論建構息息相關。

二次大戰以來，各項社會科學研究的突飛猛進，理論的創見迭出，新穎發現的繽紛雜陳，均使社會科學的內涵日新月異。我們從一項追求社會科學的統合（integration）和科學化的運動中，可看出社會科學的發展方向。

 ## 第二節　社會科學的定義與學科範圍

一、社會科學的定義

有關社會科學之定義，學者專家的意見雖不盡一致，但大略相似。例如，魏鏞博士在其《社會科學的性質及發展趨勢》一書中，將社會科學定義為「研究人類行為、人際關係及人類及其他生存環境之間的關係的科學」。

美國國家科學基金會（National Science Foundation）則定義為「社會科學是探討社會機構及群體行為及個人在團體中之行為表現的科學」。

美國《社會科學百科全書》（*Encyclopedia of Social Sciences*）將社會科學定義為「社會科學是研究團體中個人活動的心理及文化的科學」。

二、社會科學的領域

以上各家定義，雖然重點不同，但都不外乎包括了「人類的行為」、「個人在團體間的關係」及「個人和團體的互助關係」等三方面。因此，就涉及這三方面的學科知識來說，研究人類行為的「心理學」，人類關係的「人類學」，人與團體關係的「社會學」、「政治學」、「法律學」、「經濟學」、「教育學」，以及研究人與環境相互關係的「地理學」等，都應包含在內，其中《雲五社會科學大辭典》將社會科學分為以下十二類：(1)人類學；(2)政治學；(3)國際關係；(4)行政學；(5)經濟學；(6)社會學；(7)法律學；(8)心理學；(9)地理學；(10)歷史學；(11)教育學；(12)統計學。

美國《國際社會科學百科全書》（*International Encyclopedia of Social Sciences*）分為以下十類：(1)人類學；(2)經濟學；(3)政治學；(4)社會學；(5)法律學；(6)心理學；(7)心理分析；(8)地理學；(9)歷史學；(10)統計學。

美國「社會科學研究會」（Social Science Research Council）則分為十五類：(1)人類學；(2)經濟學；(3)政治學；(4)社會學；(5)法律學；(6)心理學；(7)人口統計；(8)地理學；(9)歷史學；(10)統計學；(11)國際關係；(12)勞工關係；(13)哲學；(14)區域計畫；(15)教育學。

 第三節　社會科學的目標

社會科學既為一門科學，其基本目標與自然科學的一般目標是相雷同的。這個目標包括描述、解釋、預測與控制社會現象，參見**表1-1**。

表1-1　社會科學的目標

目標	內涵
描述	能對繁複的社會現象抽絲剝繭，以幫助人們真實瞭解其內涵。
解釋	經由所收集的事實及對事實所做的系統分析與分類，達成某些概念間關係的一般性解釋或說明。
預測	經謹慎觀察特殊事件，從而建立通則，然後再以此通則來解釋個別發生的事件，並經由這些事件來證實該一通則。
控制	社會科學家也是公民，對所處的社會像其他人一樣充滿著關懷。因此，可以借助對分析社會現象的特殊才能，協助社會實現它的目標。

資料來源：作者整理。

按照探究問題的步驟來說，社會科學的觀點可分為兩方面，一是分析的，二是綜合的。

1. 分析的：一切科學，尤其是自然科學，都是注重分析的研究，社會科學也是如此。即是站在客觀的立場來詳細分析問題或現象，以便找出構成它的各種因素以及彼此間的關係。
2. 綜合的：社會是一個整體，因此在研究時不僅要從多方面來考察，而且要將之綜合起來，成為有用的工具，以瞭解事實的真相。

 第四節　社會科學的基本性質

一、實證經驗的科學

現代的社會科學早已脫離單純的哲學思考，而是經由實證性、科學化以建構其理論。社會科學的理論建構，係經由研究者對社會現象加以探討，然後抽離出其中的原理原則。由於研究者在資料收集及分析的

方法上，有著長足的進步，因此提高了社會科學的實證性。

　　社會科學研究者在探討社會現象時，採取實證性及尊重事實的態度，擺脫哲學思辨與特定的思想邏輯的束縛，此種做法，對於社會現象得以探客觀的科學方法來進行探討，使得社會科學足以接近事實的真相，因而有助於將分析現實社會所得的成果，進一步用於解決現實社會上所發生的問題。也因為社會科學具有此種實證性的緣故，使得它在提出社會政策時，在觀點上具有實用性的價值。

　　社會科學在研究方法上，雖無法如自然科學一般的嚴密，然而它的本質既然屬於科學的一環，在其學說成立的過程中，則同樣必須遵守一定的條件。社會科學者所獲得的知識，並非來自安樂椅上抽象的沈思，亦非思辨的憑空想像，而是必須經由所收集的資料，從事社會嚴謹的構思，再將這些構思出來的原理原則，和現實的社會現象相互印證，以助於理解、說明，並加以預測。

二、科學方法的運用

　　社會科學必須經由科學的理論做引導，以科學的方法，收集人類社會發展軌跡的資料與證據，並對這些資料從事經驗性的驗證手續。科學的知識，無論是來自演繹或歸納，均須經由一定的程序整合而成。即社會學所累積的知識，其過程和自然科學完全一樣，都須經由「理論」、「假說」、「觀察」、「經驗法則的一般化」等一連串的過程孕育而成。

　　社會科學在探討知識的過程中，必須具備下列的要件：

1.社會科學所提供解釋社會現象的原理原則，為可驗證的知識。也就是其所建立的經驗法則，可經由不同的角度加以檢驗，於不同的時空、不同的人員操作，仍然得到同樣地效果。

社會科學概論

2. 社會科學的知識應建立通則化，以期適用於解釋社會現象。因此，其所建立的法則，要脫離單獨個案的具體描述層次。社會科學的先驅主張該學問並非單純的僅止於單一事件的記述，而是對於人類社會現象從事一般「通則性」的建立。

3. 社會科學的知識要能體系化。一個社會現象的發生與變化，往往不是由一個因素所促成，其中因素或許相互關聯，形成一種社會關係網絡。因此，社會科學者往往將幾個假設命題綜合的加以關聯，以分析社會現象的因果關係。

　　社會科學對於它所研究的對象，除了採取嚴密客觀的觀察之外，對所設定的命題，必須透過驗證的手續，才能確立其法則。如果脫離了科學驗證的程序，則社會學的知識恐將無法建立原則性，而且無法併入科學的行列。但直至今日，社會科學已被公認為一門實證科學，即應放棄主觀性的思辨方式，而以經驗的觀察為主。今日社會科學的知識被應用在社會上各個領域，也是基於社會科學具有科學性，所獲取的資料足以被採信的緣故。

三、量化處理的趨勢

　　社會科學研究者對於社會現象的描述，採用語言文字加以敘述，乃是我們熟悉的方式。但近年來，社會科學隨著研究工具的逐步發展，更趨向於量化研究，對於社會現象用數字加以表示，朝統計、計量、數理的方向發展，成為重要的趨勢。

四、科際整合的原則

　　社會現象的研究，同時參酌相關學科的實證知識，以科際整合的方式，提高研究水準。社會科學所探討的對象當中，如果是屬於過去的社

會事實，在研究方法上則借重歷史學的知識，一如歷史學者在面對史料一般，經由過去史實的發掘，以便對過去所經歷的社會歷史現象，賦予新的解釋。社會科學在此情況下，參考歷史學的實證經驗知識，使得社會科學研究人類社會的時空更為寬廣。

五、科學理論的建構

對於社會科學來說，除了需要經由實證的過程，以檢驗資料的可靠性之外，對於資料做合理解釋的要求，也是不可或缺的過程，因此，理論的研究對社會科學知識體系的建立，也是非常重要的工作。社會科學理論的建構方式，可以經由邏輯推衍、思辨討論、實證研究等方式加以達成，但是理論的研究若能經由實證的方式進行，將是最理想而深受期待的方法。由於社會科學對於社會現象所做的說明，並非單純的僅對現象從事敘述而已，而是更進一步闡明形塑社會事實的各因素，彼此間的因果關係，並經由理論命題的假設與概念的設定，以嘗試社會科學理論模式的建立。

社會科學在現代學術領域中，扮演著重要角色。經過社會科學有系統的檢證，人們得以明白社會現象的真實面貌，並且經由知識以提供解決社會問題的有效方案；另外，社會科學亦協助人們建立周全的政策，以為社會發展的基礎。這些目標彼此交織，不僅有助於社會的建構，也同時是社會科學進步的動力。

 ## 第五節　社會科學的主要功能

「文以載道」、「學問為濟世之本」皆說明了我們研究一種學問，其目的在於期待此知識能夠改善社會、造福人群。社會科學採取客觀、

科學的方法收集資料，以探討人類社會各種需求，以及錯綜複雜的社會現象。社會科學存在的目的，是經由社會各種事實的探討，瞭解其功能，可以將此研究所獲得的專業知識、心得，貢獻於人類社會，改善人類的生活，增進人群的幸福。茲舉出社會科學的功能如下：

一、解決社會的危機

對社會本身所出現的危機，具體加以探討，乃為現代社會科學的課題。社會科學以科學客觀的角度瞭解社會現象或社會問題發生的原因，當作社會整體的一個部分來看待。社會科學家採用一定的研究方法，或從事資料的收集，或經由實證的經驗調查等方法，將所獲得的資料，經由分析、解釋，對社會現象得到合理的看法，藉此以瞭解人類的社會行為，進而提出解決社會問題的策略。

任何社會科學中的學科，對於提供解決社會問題的方法，均有所助益。由於一個社會在發展過程中，難免出現社會結構不均衡，各部門發展速度不一，各階層社會資源分配不平均等社會病理現象，社會科學者可經由社會事實真相的探討，提供專業知識，事先提供前瞻性的引導策略，使社會發展朝著人們所期待的方向前進，並於事後提供問題解決的策略，社會科學者經由知識的累積，將使人們在面對各種不同問題的情境時，能認清問題的本質，對問題下正確的判斷，使人們對於社會問題的未來走向，能做更準確的預測，進而採取更合理、更合乎人性的方法，以選擇有效的對策和解決問題之道。社會科學家在從事社會事實的研究之餘，將研究結果加以利用，解決社會所發生的問題與矛盾，以造福人類社會。

二、增進人群的福祉

社會科學提供人類瞭解社會生活的正確知識，可增進人們的幸福。社會科學以廣博而深入的觀點，居於客觀與公正的立場，從事各種社會問題的觀察與社會現象的分析，並將由此考察所獲得的心得與學術經驗，提供人們作為營造社會生活最有利的方式。尤其，現代社會的大眾處於快速變遷的社會，人們所處的社會環境複雜，在面對價值、觀念的多元化，社會病理現象層出不窮之際，有助於我們瞭解社會真相，知道如何採取妥當行為與做出適當選擇，尋求自處之道以及提高適應社會的能力。

三、適應社會的能力

人類社會隨著產業化、近代化、都市化、資訊化、核心家庭化的快速進展，使現代社會的社會結構產生劇烈的變遷，人群生活型態的改變快速，所謂的文明開化一日千里，科技發展百年銳於千載，因此也使得一部分社會大眾在面對快速變遷的環境時，無法適時調整觀念與生活步調。在觀念上，往往仍拘泥於以往的認知型態，致使對於新興的社會現象，未能做出正確的認知，個人行為和社會脫節。此種不協調的現象，人們即可由此獲得指引，以增進適應社會的能力。

四、理解人群的行為

人類為了求生存，必須面對變遷中的各種社會環境，不斷地加以適應，以謀求生存之道。因此，人類的社會行為，在面對著生存競爭的環境過程，也就複雜而多變，有些行為在表面上看起來似乎是毫無意義，

但卻具有其潛在的功能，也就是說，人類社會的行為，若光從單純的表象觀察，則無法盡窺其所發生的社會意義。由於人類社會行為並非憑空而生，而是有規則可循，往往是在一定社會環境條件下，有一定的行為反應，產生一定的行為模式，此種情況讓社會科學研究者從事人類行為的深入理解成為可能。

五、掌握社會的發展

構成一個社會的各個單元之間，往往是有機的連結，各部門相互間具有密切的關係，並形成錯綜複雜的網絡，社會科學以全盤社會為研究對象，經由社會現象的體系性理解，可以瞭解在一定的條件下，社會行為所呈現的模式與規則。社會科學運用整體的觀點來考察社會現象的結果，一方面除了可從多方面的角度來考察社會現象之外，亦可將人類行為歸納出各種原理原則，此將有助於掌握社會發展的方向。

六、設計社會的政策

社會存在著許多有待解決的問題，一項社會問題的形成，其原因往往錯綜複雜，為能避免事物推動時問題的產生，因此事前需要加以規劃。為使社會能不斷地成長與發展，以適應新的時代變局，滿足人們新的需求，則對於社會建設，必須預擬藍圖，其過程有賴於社會科學知識的運用。社會科學者可將研究所獲得的經驗，提供政策形成時的參考，事先謀求預防不良後果的發生，使得政策通過之後，可以有效執行。換言之，社會科學家所收集的社會事實資料，對於訂定或改良社區、社會機構或政府的政策，頗有助益。

七、裨益社會的發展

一個社會要能夠持續發展，除了經濟、技術、自然資源等物質條件之外，尚須重視社會的、心理的精神層面，如此可以提高個人對於新環境的適應能力，豐富生活內涵。尤其現代社會的各種組織，規模逐漸擴大，為求組織能有效運作，必須要求成員遵守一定的規範。因此要使各種組織活動有效率，積極發揮功能，組織經營者必須滿足成員的需求。社會科學家運用科學的知識，提出具體的措施，以增進組織成員的思想、感情、心理的需求，達成組織發展的目標。

 # 第六節　社會科學的研究限制

社會科學在知識領域的成就上不停地擴展，但還未能夠與自然科學並駕齊驅，世界各國之間的科技競賽多半依靠大力提倡自然科學研究。相對地，社會科學無論在研究經費、研究環境和受重視的程度上，多瞠乎其後。另一方面，因為社會科學易受外力的干預，研究的成果也較為不易落實。社會科學的研究限制的成因如**表1-2**。

同時，利益團體使社會科學研究變質，譬如由企業委託的研究計畫，經常是先預設了一定的結論，再用資料來「證明」這個結論。又如日漸氾濫的民意調查，往往成為某些團體「造勢」或從中取利的工具，而令不少社會科學家憂心不已，凸顯「專業倫理」不足時，其研究結果無法增益於我們對事實的瞭解。

社會科學不是在一個真空的環境，或一個封閉的實驗室中做研究，社會科學本身構成社會中種種複雜關係的一個環節，如何維持其與政治、經濟、宗教、文化等不同領域的適度聯繫，並能有效提升社會科學研究的專業地位，將是社會科學得繼續面對的挑戰。

表1-2　社會科學的研究限制的成因

因素	內涵
倫理性	研究者與研究對象皆是「人」，甚至是有可能生活在一起的一群人，他們之間不但有互動，且分享著感情上、道德上的種種規範，包括思想和風俗習慣。
道德性	社會科學家不被允許為了研究目的，就任意孤立、控制、實驗另一群人。因此，在運用科學方法的時候，道德性的考慮便構成了研究的內在限制之一。
偶發性	人類本身的行為，包括思想、人際關係、地緣、血緣與風俗習慣，並非全然受到「本能」的制約，人類社會的分工也迥異於如蜜蜂、螞蟻的分工，有可塑性且十分具有彈性。
變項性	各種社會關係的「變項」以及變項間的組合，幾乎無法窮盡，經常有新的變化出現。社會科學已經發展出許多電腦程式和統計方法，來進行「多變項分析」和相當繁複的調查研究，但事實上，對社會現象的真正因果關係，仍有不得其門而入的感嘆。
變遷性	政府組織制度與國家政策的改革，也常使研究又多一層內在的限制。還有如價值、信仰、迷信和常識等因素與科學之間的混淆不清。
干預性	社會科學不只是在技術性的方法層面需要克服這些困難，更棘手的還是如何面對外部干擾的問題，也就是社會環境加諸社會科學研究上的其他限制，尤其是政治和經濟勢力對學術研究的扭曲。例如政治意識型態的社會科學研究干擾，使得社會科學常淪為宣傳工具，以致無法「超然」或「客觀」地進行探討。

資料來源：作者整理。

問題與討論

一、任何一門學問的建立，除了有它自己的理論及研究方法外，還必須與外在的社會、歷史環境相互配合，請陳述社會科學產生的主要背景。

二、請說明社會科學的學科範圍。

三、請說明社會科學的研究目標。

四、現代的社會科學早已脫離單純的哲學思考，而是經由實證性、科學化以建構其理論，請論述社會科學的基本性質。

五、請描述社會科學的主要功能。

六、請解釋社會科學的研究限制。

Chapter 2

社會科學的研究領域

處在二十一世紀資訊與全球化的生活方式，以及知識經濟時代的來臨，高等教育的培育的理念有：第一、促進「傳統」與「現代」的對話；第二、加強「科技」與「人文」的互動；第三、強化「全球視野」與「本土文化」的交流；第四、使專業教育與通識教育融合，從而培育二十一世紀具有思考與原創能力的公民。

 # 第一節　科學研究方法的產生

一、解決的途逕

隨著文明的累積，人類對於衍生出的各種問題，有其解決的途徑，分別為「嘗試錯誤」、「訴諸前例」、「訴諸權威」、「邏輯推理」和「科學方法」等五種方法，就其內涵可分述如**表2-1**。

表2-1　人類對應環境挑戰的解決方式

項目	內涵
嘗試錯誤	遇到問題時，嘗試運用各種方法，尋求解決之道，直到克服為止。
訴諸前例	沿用前人成功的方式，如法炮製代代相傳。
訴諸權威	請益具有經驗、成功的人。
邏輯推理	結合經驗、智慧與思考體系的方法。
科學方法	以柯林哥（F. Kerlinger）的界定為，有系統、控制、實證、嚴謹探討自然現象間假設的關係。

資料來源：作者整理。

科學方法在人類解決其周遭所面臨的問題中，可謂具備理性的態度，所以社會學創始人孔德（A. Comte）便曾將學問的進展分成三個階段：神學、玄學、科學。亦即科學階段代表人類智慧發展最高的層次，

無論是自然現象或社會現象的解釋和問題的解決，人們皆企圖運用科學的方法來加以克服。

二、科學方法的特性

科學方法的特性，大致可以歸結如**表2-2**。

表2-2　科學方法的特性簡表

項目	內涵
次序與控制	問題呈現後，收集資料，以探求結果。從控制變項來瞭解問題的真實原因。
經驗論	運用人類的感官，直接或間接地收集客觀的證據，所得到知識的過程。
通則化	知識建構的目的，是在說明通常性的現象，並予以概括化。

資料來源：作者整理。

三、知識發展的階段

西方著名的社會思想家阿多諾（Theodor W. Adorno）認為，若以實證論（positivism）的觀點而言，自然科學與社會科學在研究方法上並無差異。社會科學的研究應以自然科學為典範，由於自然科學係以精確、數理得到知識，足為社會科學參照。而社會科學亦宜參採自然科學的研究特性，強調普遍法則，積極尋找事物的因果關係。同時主張在科學研究中，應持守中立的態度。故而科學是最理性的知識，然而科學知識的獲取並非一蹴可幾，而是經歷諸多階段遞嬗而至，其過程如**表2-3**。

表2-3　知識發展的階段

階段	時期	辯證機能	說明
一	神話時期	魔法	是運用巫術以企圖操弄、賄賂天地，使得人與自然和諧。
二	希羅文化	階層制	運用社會階層、分工的觀念，區劃神的階層制，以企圖控制、妥協自然。
三	基督教時期	利用	人可以經由上帝的意旨，利用自然，操弄、控制自然。
四	工業時期	技術	是以技術掌握、控制，甚至預測自然。
五	科學時期	系統	是由技術來控制自然，並運用到對整體社會系統的掌握控制。

資料來源：作者整理。

　　阿多諾並認為，當人們能夠以科學知識掌握自然時，仍受到許多無法突破事物的羈絆。例如人被機器、電腦所「物化」，只是電腦下的一個代號，人毫無隱私權和尊嚴，成為機器下的「物─非人」的動物，這造成啟蒙運動的「枉然」。為尋求解脫，只有走向「教育」的改革，發揮人的自主性，反對權威，形成成熟的人格，使人得以提升。這種濃厚的「社會哲學」思想，也是批判主義對人、對科學發展的一種省思。

　　孔恩（Thomas Kuhn）於一九六二年出版的《科學革命的結構》（*The Structure of Scientific Revolutions*）一書，提出了「典範」（paradigm）的概念，其意涵為：將能夠代表某一科學社群成員共有的信仰、價值、技術所構成的整體，能夠為這個整體的某一部分，提供問題解答或作為常態科學研究中的基礎，稱之為典範。學者要加入某一科學社群從事研究時，必須從其研究的典範著手，並要遵循相同的規則和程序，如此才是使得常態科學能夠發生和延續的先決條件。在科學史觀的討論上，他認為歷史是由人類無法掌握的時代精神所創造的。因此，「典範」就像時代精神一樣控制科學家的理論和研究。以物理學為例，牛頓力學為一典範，相對論是另一典範。孔恩認為新的常態科學較之於舊的，的確更具解惑能力，這種強調典範更替，也就是科學革命的觀

點，已與傳統看法有別。更重要的是，孔恩認為典範之間是不可約通性（incommensurability）的。也就是說，不同典範中看事物的觀點有全面性的更換，在某一典範中視若無睹的現象，於另一典範中可能位居核心地位。《科學革命的結構》中大量地將「典範」、「革命」等概念使用到科學史中，也影響了科學史研究中更重視概念的發展、競爭、歷史動力、科學社群等問題性，導出許多新的研究取向。同時，也因為新科學哲學的興起，使得過去深受舊科學哲學影響的人文與社會科學「方法論」的討論，產生了相當大的轉變。「典範」概念可作為我們當今社會的一種省思，當我們發現一個和我們原先遵循信仰的「典範」想法不同的答案，進而深入研究產生結果之後，勢必會帶來一些思考。

四、科學方法的限制

科學方法儘管能為人們克服諸多問題，但其並非萬能，仍有其限制，諸如下列各種問題：

1.道德倫理的問題：有關價值觀、倫理問題是無法以科學進行研究的。例如，近親結婚是否會產下低能兒，便不宜由人體實驗加以驗證。

2.人類的複雜性：人的行為受遺傳、環境、成熟、學習的影響，難以達到完全的控制。例如，人的群性行為是來自天性或是後天培育，便不容易釐清。

3.測量問題：行為難以精準測量。例如，我喜歡吃冰淇淋，但其程度如何，難以定位與測量。

4.控制問題：難以控制研究變項，以進行有效的研究。

第二節　社會科學研究的範疇

一、科學的分類

　　關於人類知識的區分，有很多不同的分類法，最普通的分法是把人類知識分成四類：(1)以物理現象爲研究對象的物理科學（physical sciences）；(2)以生物和生命現象爲研究對象的生物科學（biological sciences）；(3)以人和人類社會爲研究對象的社會科學（social sciences）；(4)以人類的信仰、情感、道德和美感爲研究對象的人文學（humanities）。在以上四類知識中，人文學通常都只當作一種學科（field of studies），而不當作是一種科學（science）。因爲人文學中的宗教、哲學、藝術、音樂、戲劇、文學等，都是包含很濃厚的主觀性（subjective）的成分，著重於評價性（evaluative）的敘述和特殊性的表現。這和物理、生物及社會科學摒棄主觀、追求客觀知識的態度，是截然不同的，因此人文學不能當作一種科學。

　　在以上四大種人類知識中，各自又包含了許多更精細的分科。這些分科基本上可以分爲兩大類：一類是著重基本理論性；另一類是著重實際的應用性，其區分情形可以用**表2-4**說明（魏鏞，1972）。

表2-4　人類知識的分類

類別	物理科學	生命科學	社會科學	人文學科
基礎領域	數　　學 物理學 地質學 天文學	生物學 動物學 植物學 遺傳學	人類學 心理學 社會學 經濟學	哲　　學 美　　學 藝　　術 文　　學
應用領域	土木工程 機械工程 化學工程 電機工程	農　　業 醫　　藥 畜　　牧 養　　殖	企業管理 教　　育 社會工作 公共行政	建　　築 電　　影 舞　　蹈 廣告設計

資料來源：魏鏞，1972。

二、社會科學的研究對象及特質

(一)研究的對象

　　社會科學的研究對象可分爲：(1)人本身的行爲；(2)人與人之間的關係；(3)人與其生存環境的關係等三類。

　　研究人類的個人行爲（individual behavior），一向是社會科學家的主要任務。此處所謂個人行爲的研究，並不是指社會科學家將人類的行爲個別地加以研究，而是指在研究時，將個人行爲作爲分析的單位（unit of analysis），來比較各種不同人的行爲模式（behavior pattern）的異同。諸如心理學家研究人類感覺器官的功能，認知的過程（cognitive process），學習、記憶和動機；人類學家（尤其是體質人類學家）研究世界不同人類團體成員在體質上的異同；以及社會學家研究人類對於群體生活的適應，諸如個性（personality）、角色（role）及社會化過程（socialization）時，都是以個人作爲研究的單位。由於這三種學科皆以個人行爲爲研究中心，所以學者將人類學、心理學和社會學合稱爲「行爲科學」。

除個人行為外，社會科學家也留意個人的集合體，諸如社團、社會組織、社會制度等群體行為的研究，並且留意因群體生活而產生的價值觀念及文化等各種問題。由於這些問題或現象皆是從人與人之間發生關係後產生，因此有的社會科學家便認為「社會互動」（social interaction）或「社會體系」（social system），是社會科學主要的研究對象。

　　綜合以上對於社會科學研究對象的討論，我們可以得到一項基本的結論：便是社會科學是以「人」為中心的科學，無論是研究個人行為、群體行為，或人類與自然環境的關係，其重心或中心都是在「人」身上。事實上，各種社會科學家研究的最後目標都是——「人」，不過他們是從不同的角度去研究人罷了。體質人類學家是從人類的身體特徵去研究人；文化人類學家是從人類的生活方式去研究人；心理學家是從人類的意識、行為去研究人；社會學家是從人類的群居生活去研究人；經濟學者是從人類的交換行為去研究人；政治學家是從人類的權力關係去研究人；地理學家是從人類與環境的關係去研究人；歷史學家是從人類的「記憶」去研究人；法律學家是從人類社會中強制性的規範去研究人。因此，我們可以說，各種社會科學家雖從不同的途徑，用不同的角度，去研究有關人類的一切問題，但其想尋求瞭解的，最終還是在「人」；他們在研究的對象和目標上，是殊途而同歸的。

(二)研究的內涵

　　針對社會科學的內涵及特質，我們可以進一步分為以下五大類：

1. 基本性社會科學：人類學、心理學、社會學、政治學、經濟學及地理學等六學門，比較傾向於人類社會基本知識之追求及理論之建構，故可稱之為基本或理論社會科學。
2. 應用性社會科學：教育學、行政學及國際關係等三學門，是比較

傾向於實際運用基本社會科學的知識，在實務工作上推展的學科，故稱之為應用或實際社會科學。

3. 規範性社會科學：法律學，其主要內容為研究並建立人類社會行為的規範。

4. 分析性社會科學：統計學，是一種建立在數學和邏輯學上的知識與方法。統計學本身正如數學一樣，並不包含對於外在社會的知識，但它們卻是人們要瞭解外在世界各種事件之間的關係，不可缺少的工具，因此，我們可以稱之為分析性的或工具性的社會科學。例如，將統計學運用於分析社會現象的社會統計。

5. 記載性社會科學：歷史學在各項社會科學，以及人類知識和經驗中，占有一種很特殊的地位，便是它是無所不包、無所不及。歷史家的研究對象，幾乎包括了整個人類活動的經驗，而他們的主要職務，便是記載和整理這些經驗，稱之為記載性的社會科學。

三、社會科學中各學門間的關係

社會科學的各個學科，並非完全分開不相連屬的。我們可以從社會科學彼此之間有許多分科的相互重疊性，看出社會科學之間的密切關係。尤其當「科際性」（interdisciplinary）與統整性（integrative）的研究，在行為科學的研究中被倡議以來，社會科學裡各學科之間的聯繫，更成為一項新興的趨勢。

為便於闡述社會科學各學門間的關係，我們可以引用**圖2-1**加以說明。在目前社會科學中，有許多研究項目是跨越及牽涉兩門學科的。事實上，目前許多社會科學中的研究，常涉及兩、三個以上的學科。因為對於許多現代社會問題，如都市環境（urban environment）、生態危機（ecological crisis）、種族關係及社會變遷等，都需要用多種社會科學的理論和方法來研究分析，而不能單靠任何一種社會科學。由於這種現

社會科學概論

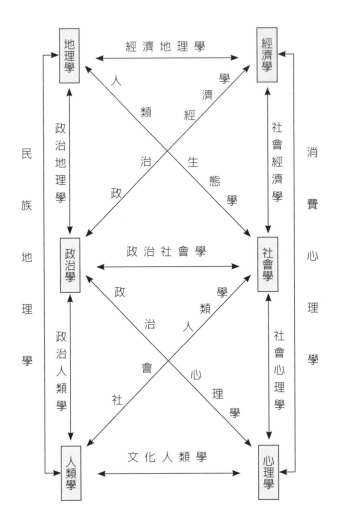

圖2-1　社會科學部分學門間相互關係圖

資料來源：魏鏞（1972），《社會科學的性質及發展趨勢》，頁83。

實的需要，促進了社會科學裡各科學者間的合作，因而導致了各學科科際間理論、方法與發現上的「相互繁衍」，形成了今日社會科學裡各科常常引用其他學科的理論、方法和發現，來充實本身的理論，改良本身的研究方法，以及印證本科研究的發現之局面。

　　一般來說，在社會科學中，許多觀點迴異、內容分殊的學說同時並存，應當是一種正常現象。因為社會科學當中的各個學說都各有所長，也各有所短，如果都能揚其所長而去其所短，那麼在大多數情況下，都有希望相互得到補充，並提供更為廣闊的研究內涵。

 ## 第三節　社會科學研究的意涵

一、研究的重點

　　研究係指「對一問題做謹慎和有系統的探討或考察，以發現事實或原理」。簡言之，研究就是有計畫和有系統地去收集、分析和解釋資料，以達到有效解決問題的過程，其強調三個重點：

1. 對現象因有問題或疑問，引發研究的動機，並經過思考、討論、觀察、探尋，以便釐清或加以確定，進而找出解決問題的方法。
2. 有系統的探索，由嚴格的方法獲得客觀經驗及資料，以解答所提出的問題。
3. 研究強調結果之外，也重視其過程，而過程必須具有正確性、可驗證性、系統性，以及客觀性等要求，因為任何研究不論採用什麼方法，其基本的邏輯或步驟是相同的。

二、研究的目的

研究的目的，在於能客觀而周延地觀察、描述、解釋、預測與控制宇宙的現象，以達到發現、增強或擴充知識。舉凡從滿足個人的好奇心，到謹慎地探討問題，莫不為研究的範疇。歸納言之，研究的目的約有三項，如表2-5所示。

表2-5　研究的目的

項目	內涵
理論的	研究的第一目的是為了理論的發展。此種研究型態導致建立嶄新的思想體系，最後在於協助人們瞭解和完成其生活目的。理論研究的結果，導向於未來行動的方向，並作為其後對自然現象或社會現象的預測。其研究型態的主要特徵涉及實驗過程。
事實的	研究的第二目的在於累積事實。著重於描述性的功能，以澄清事實、說明現況。研究者所關心的，通常在於獲得科學的消息，此係透過調查或歷史研究而得。
實用的	研究的第三目的在於解決實際的問題。此種問題為研究者所關切，或增進其對實際問題的瞭解。

資料來源：作者整理。

社會科學是將社會生活的各個層面當作研究對象，亦即以社會生活中的各種經驗現象作為研究主體。社會科學的方法，包括研究方法和表述方法，其內涵如圖2-2所示。

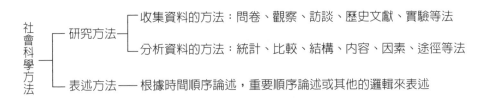

圖2-2　社會科學的方法

資料來源：作者整理製作。

其中研究方法強調經驗研究，是以資料收集和資料分析為主體，常用的方法有問卷調查法、觀察法、實驗法、歷史文獻法、社會指標法等。這些方法可依研究對象的性質及研究者的立意，單獨使用或合併使用，以期能達到對社會現象的說明與解析。

 ## 第四節 社會科學研究的特徵

翻開人類的歷史，自茹毛飲血、衣不蔽體，到尖端科技探索奧祕，就發展的過程而言，這段科技文明的時間在人類亙古恆久的生命中，並不算太長。人們之所以能有傲視寰宇的高度文明，尤賴啟蒙時代以來的智慧快速堆累造就，若干具有先見之明的智者，運用理性科學的方法，條絡分明地解決此仆彼起的自然、社群問題，使人類不僅得以克服先天的困蹇，也勇於邁向時代的挑戰。人們之所以能化被動的自然承受者，而為執掌發展脈動的萬物之靈，為一窺自然奧秘而奮勇不懈，皆源於這股理性智慧的累積，匹配著勇於挑戰的實踐力量所導致，是以人類的文明，社會的進步，方期可成。社會科學被視為科學的領域，係因為其以科學的方法探究所關注的議題。

社會研究既是以人所組構的社群作為研究領域，其研究的特徵包括目的性、自覺性、有效性及程序性等，分述如下：

一、目的性

社會研究是一種理性的實踐活動。在社會研究實施之前，研究者事先必須明確知道為什麼要進行社會研究，即有其明確的目的。如果沒有目的，那麼社會研究就成為一種盲目的活動，其結果毫無意義。因此，社會研究都有一定目的性，例如對市場調查的目的性，在於獲取市場訊

息，分析市場變化狀況，預測市場發展前景，爲經營決策、制訂經營計畫、改善經營管理等提供依據。因此，社會研究的內容與形式儘管不同，但都有相應的目的性考量。

二、自覺性

社會研究有目的性特徵，也決定社會研究有自覺性特徵。其自覺性是指社會研究在明確目的的基礎上，能自覺地按照一定學科的理論知識，運用相應科學方法，有計畫、有步驟地對確定的對象和範圍進行研究。例如人口調查研究是按照人口學的人口增長、素質結構、社會結構、社區分布等理論，根據人口生育、死亡、流動、遷移等知識，用普查或抽樣調查方法、統計方法、社區分析等研究方法，對全國或某地區人口狀況進行研究。此外，社會研究活動，都在實施前便做出相應計畫、方案指導，這說明社會研究是一種有意識的自覺性活動。

三、有效性

社會研究的有效性是指社會研究經由有效方法取得成果，轉化成一定社會效應。此特徵表現在三個方面：

1. 表現爲社會研究實施過程中，採用了方法取得有效成果。
2. 社會研究的成果能發生有效作用，是爲社會的發展和進步制訂出正確的政策，有的是爲解決一定社會問題訂出決策方案，另外是爲直接研究某項工作任務提供了實施措施。
3. 社會研究指引社會的變革，或將轉化爲工作任務的完成、社會問題的解決，以至社會進步和發展等各種社會效應。

四、程序性

　　社會研究的過程表現在一項完整的研究，遵循「準備—調查—研究—成果」的動態過程，因爲任何社會研究都須有固定明確的程序和步驟。而每個階段各有各的功能作用，且首尾相連構成一完整的工作過程，所以社會研究是一系列的動態過程。由於社會研究對象是社會人群，因而在社會研究中，勢必得到被調查者的支持、合作、配合，才能使其研究獲得有效成果。

 ## 第五節　社會科學研究的步驟

　　從科學研究程序對進行的步驟有如下劃分（如**圖2-3**）：

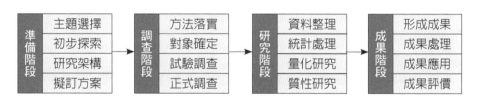

圖2-3　科學研究步驟圖

資料來源：作者整理製作。

一、準備階段

　　此階段是爲社會研究做好必要的準備，具體包括在訂定所要研究的主題之後，並進行初步的探索，建立理論架構和擬定研究實施的總體方案。其步驟有四，分別是：

(一)主題選擇

　　是根據理論或實際需要和可能，提出、選取有價值的研究主題，並根據選取的主題確定出研究所要達到的目的或目標。研究主題的選定，關係著研究是否能順利展開；因此，為能確定研究主題，必須注意：第一，主題的選擇於範圍上宜適中；第二，主題的定義於意涵上宜明確；第三，運用關鍵字詞標示研究的內涵。

(二)初步探索

　　在主題選定之後，接著進行初步探索性研究。具體的做法，包括查閱和收集有關主題的文獻資料，訪問和諮詢有關主題情況，研究有關主題的實例，從中得到有益啟迪，為研究架構做準備。文獻考查可提供研究者必要的參考模式，亦即以前人的研究經驗，啟發思索的方向與觀念，並能瞭解該研究於專業領域中的地位，有助於對研究方法的探索，甚至評估該研究的可行性等優點。文獻考查於文獻資料的選定上宜注意：

1. 與研究主題有關的論文：以協助研究者有更為寬闊的思考空間，並充實研究內涵。
2. 與理論架構有關：以促使研究架構的嚴謹性、適當性與明確性。
3. 與研究方法有關：以提供研究者的參採。

(三)研究架構

　　在初步探索的基礎上，為調查研究做理論準備。具體有界定概念、建立假設、設立整體研究架構。研究架構建立的目的，在於幫助研究者能清楚地、邏輯地、有序地思索該研究的步驟，以利執行該研究的過程。為此，研究者須將現有知識做一總結，並預測其可能的結果，以期

能產生新的發現。

(四)擬訂方案

此環節的任務是在上述工作完成的基礎上，擬制研究的整體方案。具體的內容有：組織架構、人員分工、工作流程、經費和資源等方面。一項周延的研究方案，包括：研究的目的、意義、內容、要求、對象、方法、期程、步驟等。

二、調查階段

此階段的任務是按照擬訂的實施方案，來進行收集靜態與動態的資料。具體包括按實施方案選定的調查方法做好必要的準備，以及按實施方案和規定的調查對象做好確定的工作，經過試驗調查之後，開展正式的調查。其步驟分別是：

(一)方法落實

按擬訂總體方案中選取的調查方法，做好實施調查前的相關工作。例如設計和印製好調查問卷、測量表格、訪問題綱等。

(二)對象確定

按擬訂方案中的研究對象加以明確化。一般是在界定調查研究的前提下，經過科學抽樣過程，達到研究對象樣本數的確定。

(三)試驗調查

在上述的工作之後，選擇有代表性的小範圍做試測研究。

(四)正式調查

按擬訂方案中的調查實施步驟，進行全面研究工作，以達到獲取所需要的資料。

三、研究階段

此階段是將調查階段收集的各種資料進行整理和數據的處理，進而做出分析研究。具體包括對調查資料的核對和整理，對調查數據的不同處理，對處理的數據進行定量分析，對全部資料進行質性分析。其步驟有四，分別是：

(一)資料整理

將收集的資料分別整理，爲分析資料做準備。具體有對原始資料按研究的要求做出鑑別和審核，留取有用有效的資料，按一定技術對審查過的資料進行彙總、分類、分組等整理工作。

(二)統計處理

將整理過的數據輸入電腦進行處理。具體有根據統計的要求，擬定單項描述、單相關、複統計方案，並進行運算，運算結果要列印出有關數據，以供進一步研究。

社會統計是統計學中應用統計的一部分。要經由對社會現象的數量關係研究，從而認識事物的本質和發展規律。社會現象也和自然現象一樣，都有它的質和量兩個方面。質是社會現象內部的規定性，量是它的規模、程度。社會研究，首先必須掌握它在數量上的表現，有了一定的數量分析做基礎，才能找出社會現象的本質和內部關聯。社會統計在社

會科學研究中的作用主要是：

1. 進行統計調查：統計調查就是按照預定的目的，採取科學的調查方法，有組織地收集資料的過程。統計調查的方式有普查、重點調查、典型調查、抽樣調查，不管採用何種方法，這些資料都必須是大量的取得，反映事實真相的數據。
2. 幫助研究者消化、整理調查資料：社會統計的整理，對各項原始資料進行分類，使之系統化、條理化，從而得出反映現象總體特徵的綜合資料。

(三)量化研究

運用電腦統計出的有關數據，來進行量化分析研究。具體對所顯示的不同特徵和數量關係進行研究。社會科學研究的社會現象是錯綜複雜的，很少是單一自變量的，涉及的社會變量非常多，數據量很大，往往需要運用因素分析，去綜合大量統計資料。如果用手工方式進行統計，得出一個結論要花費很長時間。現代的社會科學研究，由於電腦科技及統計學的快速進步，因此，使得社會科學的探討，更能運用電腦以處理大量統計數字，並為社會科學知識的開拓提供諸多的幫助。

(四)質性研究

在前面三個環節的基礎上，對調查的資料做質性分析研究。具體對資料顯示的性質、類別等做分析，以及對調查資料做整體性的定質說明。

一般研究者把關於事物構成和性質方面的研究稱為質性分析，把關於事物數量方面的研究稱為量化分析。社會科學的量化分析，是運用數學方法瞭解社會現象的數量、數量變化和數量關係，考察事物之間的相互關聯和相互作用。量化分析不僅可以經由各種統計數字，描述一個社

會現象和揭示社會現象之間的關聯，也可以推斷局部和總體的關係。質性分析是從質的方面分析事物，去蕪取菁、去偽存真，由此及彼、由表及裡，從現象中找出反覆出現的規律性。

在自然科學中，由於數學方法的運用，使得力學、物理學、生物學等，從描述性科學發展成精密科學。目前社會科學從總體上來說，還是描述性科學，要發展到精密科學的水準，還需要相當長的時間。但是，由於量化分析方法的運用，促使社會科學的研究達到朝定量化、精確化、模型化的方向努力。當然，對事物本質的認識，需要我們把量化分析和質性分析結合起來。事物的量的規律性受質的規律性所制約，量化分析是質性分析的前提和基礎。我們應該在社會現象的質量和數量研究上，並駕齊驅，以期能使社會現象經由量化分析達成對事務說明的真實性，又能保證質性分析的準確性。

四、成果階段

將分析研究的情況形成一定的成果，和對成果做出處理、應用、評價，其步驟有四，如**表2-6**所示。

表2-6　研究分析成果的步驟

項目	內涵
形成成果	將量化和質性研究的情況，形成不同的研究成果。具體有研究報告、研究論文、專題論文、專著等。
成果處理	將不同型態的研究成果做不同的處理。若屬於具體但不宜公開的，送交有關部門存檔，可公開發表或出版的，送交有關報刊或出版社等。
成果應用	將研究成果在實際應用中發揮作用。將調查研究成果，轉化為能適用於實際工作所需要的措施、建議、改進方案等。
成果評價	對研究成果在理論和實際中的作用進行反饋，根據反饋的意見做出總結性的評價。

資料來源：作者整理。

　　社會調查研究的理論構架是由一些概念、命題組成的體系，它反映社會生活某一方面的規律，是在社會科學的理論和經驗研究基礎上建立起來的。科學的最終目的是提出運用於一定範圍的一組理論，經由該理論可以清楚說明命題之間的關係。所謂假設，就是用來說明某種現象，但未經實踐證實的命題。提出假設必須從事實材料出發，根據已被證實的科學理論，進行邏輯的論證。假設提出以後，還須得到實踐的證實，才能成為科學的原理。

問題與討論

一、人類隨著其文明的累積，對於衍生的諸問題，有其解決的途徑，分別為哪些？

二、西方著名的社會思想家阿多諾認為科學知識的獲取並非一蹴可幾，而是經歷諸多階段遞嬗而至，其過程為哪些？

三、科學方法儘管能為人們克服諸多問題，但其並非萬能，仍有其限制，請說明該內容。

四、針對社會科學的內涵及特質，我們可以進一步分為五大類，請說明該內容。

五、社會研究既以人所組構的社群為研究領域，其研究的特徵包括哪些？

六、請說明社會科學研究的步驟。

Chapter 3

社會科學研究方法

　　社會科學被視為一門科學，係因該學問是以科學的方法探究其所關懷的主題。在運用研究方法以解決人類所面臨的問題之前，我們首先要區分出「研究方法」及「研究方法論」。所謂的「方法論」（methodology）就是關於方法的理論或學說。所涉及的是科學研究方法的基本假設、邏輯及原則等事項；目的是在探討科學研究的基本特徵。例如計量的研究方法，是否適用於社會科學。方法論存在於三個不同的領域，表現為三形狀，即知識論、邏輯方法、研究方法（如圖3-1）。知識論討論科學方法的一般認識論原則；邏輯方法討論思維形式及其規律；至於研究方法指涉的是從事某種研究工作所實際採用的程序或步驟。例如問卷調查法的研究方法，應經過哪些步驟才能達到研究者的目標。

 第一節　文獻分析法

　　文獻法亦稱歷史文獻法，這是一種對社會現象的間接觀察方法，是應用科學方法尋找歷史資料，檢驗歷史紀錄，研究社會變遷及其規律性的方法。它包括對歷史資料的收集、檢驗、分析等內容。對各種文獻資料進行收集和分析，可以探索歷史發展過程中新的社會現象產生的規律性，掌握社會在歷史時期所具有的準則和價值，獲得瞭解社會現象的歷史因素。

　　法國社會學家涂爾幹（É. Durkheim）在研究各種社會群體的自殺率時，想驗證自殺可能是個人在社會群體中缺少整合性，由於缺少整合性，導致心理上的壓力，從而產生自殺的傾向。為了驗證這個假設，他考慮了各種不同的宗教團體、家庭狀況以及西歐不同政治環境中的自殺率。從歷史資料的分析中，他發現新教徒的自殺率較之天主教徒要高；未婚者較之已婚者要高；參與政治活動少的較之參與政治活動多的要

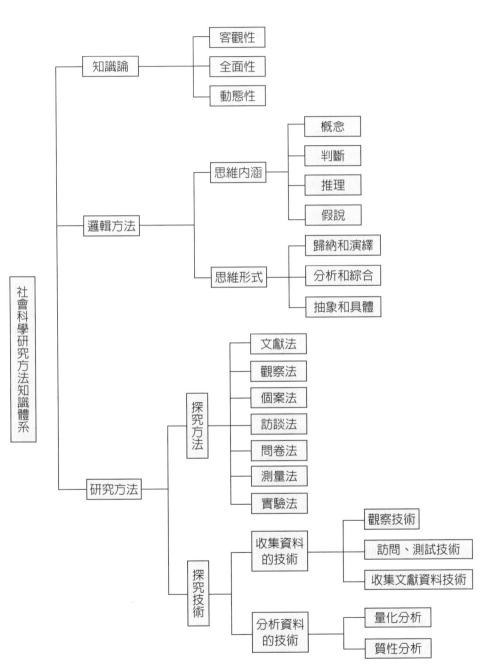

圖3-1　社會科學研究方法知識體系圖

資料來源：作者整理製作。

高。這些歷史材料與他的假設，經由文獻法的運用，使他的研究工作取得了成功。

在收集歷史文獻時，要對文獻進行檢驗，從而確定其可靠性和可信性。要注意文獻是第一手的還是第二手的，一般來說，第一手資料的可靠性會高一些；必須釐清文獻的作者，從而瞭解資料的可信度；必要時要把編製文獻的時間（即寫作時間）和文獻中所描述的事件發生的時間加以對照；還要檢驗個人文獻中的主觀成分。

對歷史資料進行收集和檢驗不是目的，目的是經由資料的分析獲得所需要的資料。在進行分析時，要注意以下問題：(1)文獻的來源；(2)作者是誰；(3)建立文獻的目的；(4)文獻本身的可靠性；(5)文獻中所記載的資料的可靠性；(6)文獻的內容；(7)對文獻的評價；(8)對自己的研究有什麼啓示。文獻資料分析法係以系統而客觀的界定、評鑑，及綜括證明的方法，以確定過去事件的確實性和結論。其主要目的在於瞭解過去、洞察現在、預測將來。

文獻資料分析法的應用，約有幾項特點：(1)它所研究的事件是過去而非目前發生的；(2)它所利用的資料是過去的紀錄與遺跡；(3)它只是一種間接的而非直接的觀察，因爲研究者對過去所發生的事件無法及時親自觀察；(4)在某些限度內，它可以幫助我們瞭解過去，重建過去，解釋現在，及推測將來採用科學研究者經常會遭遇到的某些特殊問題。這些問題既無法用實驗來加以驗證，又不能以社會調查來尋求解答，其解決的唯一方式，便是從分析既有的資料中尋找答案。

社會科學研究者運用得最廣泛的幾種既有資料分別是：統計紀錄，例如政府機關出版的「統計要覽」或是「統計報告」、「調查報告」等；或是大眾傳播媒體，例如電影、電視、廣播、報紙、網路等；另外是專屬書籍，有關研究主題的專業論著，例如博（碩）士論文、研究報告、專書等。

第二節　個案研究法

　　個案研究法是社會科學常用的研究方法，它是導源於醫學對於個別病例的研究所啓發的方法之一。「個案研究」一詞，來自醫學和心理學的研究，是指經由對一個病例的解剖，進而達到對一般病理的瞭解。社會科學進行個案研究，指的是把研究對象看作一個整體，給予詳細描繪與分析，從而獲得能反映某一單位的全部現象或一般過程，及其各式各樣的內部關聯與文化背景的第一手資料。這裡所說的「單位」，可能是一個人、一個家庭、一個社會群體、一個社會機構、一個社區、一個民族或一個社會。使用個案研究方法的目的，是要從具體的個案分析中發現同類事物的一般規律，同時補充一般的研究，使結論更富有眞實感。

　　一般來說，個案研究包括三個方面：(1)取得社會實證，收集各種資料；(2)做出社會診斷，進行分析研究；(3)進行社會建議，提出改進的方案。個案研究的文獻資料來源主要有兩方面：(1)自記性資料，例如自傳、日記、信件、文稿、登記表格、相片等；(2)他記性資料，例如會議紀錄、病歷紀錄、評論等。個案調查的對象除了被研究者外，還可以從調查對象的親友、同事、教師、同學、同鄉等各個方面，瞭解關於被研究者的種種生活經歷與消息。

　　個案法可以深入調查，全面剖析，對研究的眞實情況加以描述；在對資料結果進行推論中，有更多更詳細的過程分析，因此會更有說服力；調查的時間較爲靈活，對一些特殊情況可以隨時處理。但是，由於個案研究牽涉到對整個實際情況的詳細描述，要想設計出一種正式的觀察和記錄方法是很不容易的。非正式的方法又很容易造成主觀片面等問題，使研究者只能發現他所希望的材料。這種調查還容易在分析中出現以偏概全，沒有代表性的問題。另外，這個方法對研究人員的專業能力

和程度要求較高，必須要有判斷及選擇適用案例的能力，以及瞭解其含義和正確解釋其結果的能力。

 第三節　觀察法

　　對於社會科學的研究，研究者有時借助觀察法以收集資料，瞭解社會現況或是行為取向，因此，觀察法也成為社會科學的研究方法之一，例如觀察幼兒行為，以瞭解其行為特徵，並藉以推估其心理取向；觀察社會群體的互動行為以瞭解時尚趨勢等。

　　觀察法是研究者經由直接的感知接觸研究對象，並直接記錄與被研究者有關的和有用的事實材料。運用觀察法以進行科學研究的觀察者必須具備敏銳的洞察力，就如同偵探福爾摩斯。另外，注意重要特徵並為有意的選擇，以達研究的目的。能注意到他的研究假設所指涉的重要特徵，而從他的視界排除其他的觀察項目；亦即在觀察中做出有意的選擇。

　　研究者使用直接觀察法於收集資料時，首先要做的事就是決定要觀察什麼，究竟應選擇哪一個團體作為觀察的對象，應視其研究問題而定；次一個問題就是要觀察研究對象的哪些事件。除此之外，觀察者也會故意隔開對於其他目的是很重要的許多事件。易言之，觀察法研究步驟上，應包括：觀察些什麼，觀察對象的確立，觀察哪些事物，對觀察事物的有效篩選。科學的觀察和日常的觀察是不一樣的。科學的觀察具有：第一，預先確定的目的和方法；第二，觀察是按特定題綱、程序進行的；第三，要求用日記或錄音帶、攝影機等為結果做記錄；第四，身為觀察者，必須遵守一系列的規範。

　　觀察方法有各種不同的分類，**表3-1**就是對各種方法的綜合歸納：

表3-1　各種觀察法分類表

分類標準	類別		特點
	大類	小類	
按研究人員所處的地位劃分	參與觀察	完全參與	即研究者的真實身分及目的不被觀察者所知。
		參與性觀察	介入程度低，僅在所必需的範圍參與活動。
	非參與觀察		研究者處於被觀察者外部。從旁觀察正在發生的過程，不干預這個過程，只是記錄事件發生的情況。
按觀察的規律程度劃分	系統觀察		能有規律地記錄一定期間內的行動、情形、過程，能查明過程的變化。
	隨機觀察		對一些事實的偶然發現和記錄。
按觀察組織程度的高低劃分	結構觀察	實地觀察	結構觀察，也稱標準觀察，它按照統計學原則進行，其觀察資料可以進行數學處理。
		實驗觀察	
	非結構觀察	現場觀察	研究人員不受題綱、程序、時間限制，通常在準備階段進行。
		實地觀察	
按觀察對象劃分	外部觀察		以上各種形式都屬於外部觀察。
	自我觀察		觀察者既是觀察主體，又是觀察對象。個人按一定的觀察題綱記載自己的行為。

資料來源：作者整理製作。

 第四節　訪談法

　　訪談法指的是一種訪問者與被訪問者之間面對面的接觸，透過有目的的談話，以尋求研究資料的方法。訪談法收集資料是經由訪問員與被調查對象，進行面對面交談的方式實現的，具有直接性的特點；訪談法還可以根據情況變化，隨時由訪問員進行調整，具有適應性強的特點；訪談法回答率高且具有效率高的特點；訪問員可將訪問環境標準化，具有可控性特點；訪問員可以對各種問題提問，還具有完整性的特點。訪

社會科學概論

談法的缺點是費用高、時間長、訪問常帶偏見、無機會推敲紀錄等。當然，訪談法也可根據不同角度分類（如**表3-2**）。

訪問員是訪問中的中心人物，研究結果取決於訪問員個人的專業能力。因此，對訪問員必須有以下的要求：(1)坦誠相待；(2)平易近人；(3)觀察力強；(4)有判斷力；(5)知識面廣；(6)善於傾聽；(7)記錄能力；(8)準確表達；(9)循序漸進；(10)親切隨和。

表3-2　各種訪談法分類表

分類標準	類別		特點
	大類	小類	
按訪談的方式劃分	標準型訪問（亦稱正式訪問或結構型訪問）		訪問者在訪問之前先擬好表格，然後依照訪問表順序提問。每一被訪者都是相同的問題。一般都是規格化，編了程序的問題，以便計量。
	非標準型訪問（亦稱非正式訪問或無結構訪問）	引導式訪問	此法沒有固定的表格供訪問者使用，也沒有事先定好的樣本，適用正式研究開始之前的探索性研究。引導式訪問法有一主題供訪問者自由引出；談話式訪問法事先有訪談主題，多用於個案調查；非引導式訪問法事先沒有主題。
		談話式訪問	
		非引導式訪問	
按接觸時間劃分	一次性訪問（亦稱橫斷訪問）		只是就人們某一生活時間內思想、行為等方面進行訪問，常是對某一特殊問題進行調查。
	重複訪問（亦稱縱向訪問或跟蹤訪問）		調查人們不同生活時期的思想、行為。事先要制定詳盡的標準化訪問計畫。
按參與人數劃分	集體訪問		類似開調查會或座談會，由一名或幾名訪問員召集。
	個別訪問		由訪問員對被調查對象逐一進行面對面的訪問，可以是標準型，也可以是非標準型。

資料來源：作者自行整理。

第五節　問卷法

　　問卷是一種為了調查之需，以方便進行統計的標準化表格，經由資料收集方式，以獲得對個人情形的瞭解。其內容包括對個人行為乃至態度的量度。問卷的形式可以根據不同的角度分為多種，一般是以出題的方式，將問卷分為開放式問卷和封閉式問卷兩種：

一、開放式問卷

　　開放式問卷可以區分為：簡答式及詳答式，就是要求回答者自由發表自己的意見，只是有無詳細回答的區別。例如：您對教育改革的落實有什麼新的見解？（詳答）

二、封閉式問卷

　　封閉式問卷也叫固定問卷，可以區分為：是否式、選擇式、排列式、填入式及尺度式。就是事先把有關答案都準備好了，填答者只要從中選擇一項或幾項他認為適當的答案即可。具體又可分為以下幾種：

(一)是否式

　　答案只有是與否兩項，只要對任一項打勾即可。

　　例如：您經常到圖書館嗎？　是□　否□

(二)選擇式

所列出的答案至少在兩個以上，回答者只要在他認爲最適合的地方打勾即可。

最信任的人是您的什麼人？

1.父母　　　□　　　5.親戚　　　□

2.兄弟姐妹　□　　　6.朋友　　　□

3.同學　　　□　　　7.其他　　　□

4.老師　　　□　　　8.無　　　　□

(三)排列式

要回答者把答案按其重要性或時間性等排列起來，通常用數字1、2、3……表示。例如：

您感到最缺乏的能力，請按程度分1、2、3……在表中列出。

創造力　　　□　　　組織能力　　　　□

觀察力　　　□　　　生活能力　　　　□

適應能力　　□　　　經受挫折的能力　□

(四)填入式

即回答者直接以數字或特定的文字，填入問卷的空格即可。例如：

您的姓名_____　性別_____　年齡_____

收入_____

(五)尺度式

即把答案描述成兩個極端，中間分爲3或4或5等，要回答者在適當

的地方或程度打勾即可。例如：

談戀愛是一件很愉快的事。

非常同意　　同意　　沒意見　　不同意　　非常不同意
　☐　　　　　☐　　　　☐　　　　☐　　　　☐

　　不管什麼類型的問題，都有四個基本要素，即題目、說明信、問卷的具體內容、統計性資料（即登記表）收回方法。題目是調查的主題，因此要求準確；說明信是對調查方式的說明；問卷的設計關鍵在具體內容部分，每一個問題的問法、語氣、布局都足以影響調查的周延與否，內容的編製可按卷頭語、基本資料、問題、量表等步驟進行。

 第六節　測驗法

　　測驗法是按照一個有系統的步驟，用一套已設計好的表格（即量表）作為刺激物，來測定受試者的反應，從反應中得知受試者的社會心理狀態。根據社會行為測量的需要，大致上可以區分為李克特量表（Likert Scale）、哥特曼量表（Guttman Scale）、語意差異量表（Semantic Differential Scale）的設計和使用。

一、李克特量表

　　李克特量表是使用一系列陳述，並用回答的平均數作為基礎去測量態度。但李克特不是停留在贊成與反對的兩極上，而是圍繞一個問題，提出許多問題，並把每個問題的態度分為五等或更多等級，然後逐一打分數，分數愈高愈能表示其對某一問題的肯定態度。例如：

1.在班級裡我常能感到同學是團結合作的

非常同意　　同意　　沒意見　　不同意　　非常不同意
□　　　　　□　　　　□　　　　□　　　　　□

※2.當個人意見和班級的決議衝突時我仍堅持己見

非常同意　　同意　　沒意見　　不同意　　非常不同意
□　　　　　□　　　　□　　　　□　　　　　□

3.與同學相處是件愉快的事

非常同意　　同意　　沒意見　　不同意　　非常不同意
□　　　　　□　　　　□　　　　□　　　　　□

※4.遇到困難我並不想告訴同學

非常同意　　同意　　沒意見　　不同意　　非常不同意
□　　　　　□　　　　□　　　　□　　　　　□

　　以上量表，對沒有標※符號的，回答非常同意的人得5分，贊同的4分，中立的3分，不同意的2分，堅決不同意的1分；對標有※符號的，顛倒過來計分。最後將得分相加，誰的分數高，誰就對班級更滿意。

二、哥特曼量表

　　哥特曼量表的陳述比較簡單，但其結構卻比較複雜。大體來說，這是一份由五個或八個陳述語組成的量表，每個陳述語表示在量表上稍微不同的位置。例如：

我們要瞭解人們對偏差青年的態度，可以設計下面五個問題：
1.您贊成不贊成對偏差青年實行挽救政策？
2.您願意不願意同偏差青年在一個小組裡工作？
3.您願意不願意同偏差青年交朋友？
4.您願意自己的親戚娶（嫁）給偏差青年？

5.您願不願意把自己的女兒嫁給偏差青年？

從這五個問題中，我們可以看到問題是同向的、層次化的、步步高的，要回答這些問題，一步比一步難。在計量時，我們給第1題記1分，第2題記2分，第3題記3分，第4題記4分，第5題記5分。分數最高說明他對偏差青年的感情更接近。

三、語意差異量表

語意差異量表是於20世紀50年代由奧斯古德（Charles E. Osgood）等人發展出來，該量表與上面介紹的量表不一樣。運用這個量表，研究者要求被訪者用雙極性的修飾詞去評價態度對象。修飾詞有以下三組形容詞：

1.評價形容詞：如好壞、喜惡等。
2.能力形容詞：如強弱、大小等。
3.活動形容詞：如快慢、動靜。

這種量表是在肯定與否定之間做選擇，以瞭解個人的態度。

 ## 第七節　實驗法

社會科學研究中所使用的實驗法，是指透過人為地、有目的地控制或操縱一定的條件，製造出一種研究所需要的情境。在這個特定的情境中，觀察研究人類的社會行為的變化，從而揭示某種因果關係，我們稱這種方法為實驗法。

在實驗法的設計上，研究者企圖瞭解的是：當一變項改變時，另一變項是否也會改變？是否僅有變項x的改變，才能促進變項y的改變？

因此，藉著操控x變項，以瞭解y變項的改變情形。例如：「薪資」
（x）的增加，是否會造成「工作效能」（y）的提升？在這種設計中，
首先必須從實驗對象裡，選擇出兩個可供對比的團體來。其中，一是實
驗團體——接受特定情境刺激的團體影響；另一個為控制團體——不接
受刺激影響的團體（如圖3-2）。

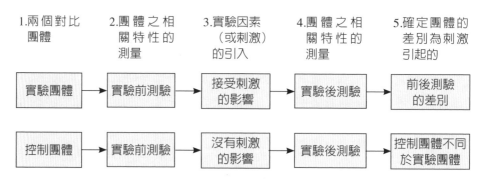

圖3-2 實驗法程序圖

資料來源：作者整理製作。

在這裡，研究對象被分為兩組，即實驗組和控制組。這樣做的目
的，是要從兩個組的比較中找出自變量與應變量的關係。

實驗法的特色為實驗變項的控制，這種嚴格的控制可使測量盡可
能正確，一項設計良好的實驗，要能孤立重要變項的影響，並控制具有
潛在影響力的變項。但在真實世界中，要想把實驗對象配對，有系統地
引入刺激，或確定其他刺激不影響實驗，這是非常困難的。此外，在實
驗期間，我們也無法完全排除其他事件或不必要刺激的影響。再者，研
究者在人類身上實施的實驗，有時可能會對人類造成危險、恐懼或其他
傷害，因而牽涉到倫理的問題。為了克服該問題，因此有自然的實驗設
計，此方法是研究一種既存的情境或某些正在進行中的事件。為了實施
這種研究方法，研究者可能要在既存的情境中，尋找兩個或多個團體；

這些團體在某些重要層面上彼此相似，又已遭遇或將要遭遇不同的經驗。例如，我們假設：電視節目會影響兒童的暴力傾向。為了證實這一假設，我們可以透過兩個尚未有電視的同性質社區，其中一個社區即將要有電視。然後，我們比較研究電視到來前後兩個社區兒童的情況。一年後，或許我們發現在有電視的社區兒童增加了暴力行為，而在另一個社區並沒有這個現象發生。因此，我們可以推論：電視節目會影響兒童的暴力傾向。

 第八節　內容分析法

　　內容分析法強調的是由研究者對研究對象的言論及語義，再進一層地分析其內涵，以瞭解其真正的取向及意義，把握重點分析內涵，由解析事物的表象事跡，以獲得其本身的內涵意義和內蘊訊息。

　　拉斯維爾（Harold D. Lasswell）分析本研究法的重點及其內涵，應包含下列諸項：(1)誰發表？(2)對誰發表？(3)說了些什麼？(4)如何表達？(5)產生的結果？(6)在何種情況？

　　實際作業上，內容分析法考慮的面向包括：(1)時間的因素，不同時間對同一訊息之報導是否有所差異；(2)不同的報導立場，對同一訊息產生的差異；(3)同一報導機構，對於不同訊息報導的相關性；(4)一項報導對政策的影響；(5)報導人的差別，對報導內容的差別；(6)情境的改變，對同一訊息產生的差別。

　　進行內容分析法的步驟為：(1)確立研究的主題；(2)收集相關的素材，除報紙、雜誌等次級資料之外，尚可有初級資料（如：直接採訪）加以運用；(3)對於研究內容的分類，依照項目分析的區別；(4)依據研究目的選擇分析的重點，根據考慮的面向對所收集的資料做篩選與取捨；(5)統計方法的運用；(6)結論。

第九節　社會指標分析

　　社會指標是以中性的量度來獲得社會現象的概況，亦即是一種運用客觀的方法測量出事物之現象面及內涵面的標準，它有助於決策者改進政策和推展施政的意見。

　　社會指標於運用時有兩種方式：一是環比指數，是每一個環節和另一個環節的比較，例如後一年和前一年之比較；另一是定基指數，是某一個特定的基點為基礎產生的比較，例如與一九六○之比較。其運用的時機為，當研究課題快速變化時，則採「環比指數」，若變化慢則採「定基指數」。

　　社會指標的類型可區分為：(1)總體的和個體的指標；(2)大類目和細類目的指標；(3)正向和負向的指標等類別，其區劃必須有良好的理論基礎，且統計時應注意其各類目的的取向。總之，社會指標的功能，是能達到：(1)描述社會現象；(2)有助於對社會政策的評估；(3)產生預測功能；(4)作為各社會相互比較的基礎。但使用上仍有部分的限制，例如統計資料之不足，造成無法以社會指標作為分析之判準；對主觀感受和意識部分，其測量較為困難。

第十節　田野研究

　　廣義而言，所有的實地研究工作都可稱為「田野研究」（field study），包括社會調查訪問、各種問卷測驗的施行、考古學實地發掘、民族學調查考察等都屬之，但是狹義而言，田野研究特指人類學研究領域中的考古發掘與民族調查。田野研究是以「參與觀察」（participant

observation），對於小型社群能做到深入而完整的研究，其目的是想藉著對個人、團體、機關或社區的背景、目前情況、環境的互動關係，進行瞭解和記錄，方便說明研究的主題。

田野研究的特性可歸納如下：

1.田野研究對社會單元收集很深入，並能獲得較為完整的資料，由於研究目的的不同，範圍可能包含整個生活史，也可能只選其中一個階段做研究。可能只集中研究幾種重要因素，也可能整體性地研究所有可能得到的各種變項。

2.與調查法比較，有一個很大的差異，調查法是對大量「單元」研究小量的變項，而田野研究是對小量「單元」研究大量的變項。

研究者在觀察情境中時間一久，即將一些特殊事項視之為當然的傾向。要克服此困難，可採用一些方法：

1.觀察員時時自我提醒。

2.持續寫進度日記。

3.經常對一局外人描述和說明觀察情形，聽取其意見或接受其疑問，以促使自己保持客觀。

4.經常檢查觀察內容項目表，以提醒是否遺漏哪些項目的觀察。

5.任意將感覺領域分成幾部分，以使一些導致特殊現象的因素失去力量，而使觀察者發現真正的因果關係。

6.取得被觀察者的信心與合作，可提高核對紀錄資料的正確性。

7.嚴格的選擇及訓練觀察者：避免偏見過高者，保持客觀性、提高靈敏度。

社會科學概論

問題與討論

一、問卷是一種為了調查之需以方便進行統計的標準化表格,請
陳述問卷法的主要內容。

二、請說明文獻資料分析法有哪幾項特點。

三、請說明觀察方法的主要內容。

四、請說明拉斯維爾如何分析內容研究方法。

五、請描述田野研究的主要內容。

六、請解釋社會指標分析的主要內容。

Chapter 4

社會科學發展的領航人(一)

　　社會科學的發展歷程與外在環境息息相關。換言之，社會科學的
建立，並非是學者所構築的空中樓閣，而是深植在歷史的脈絡之中，受
到社會環境和文化意識的影響。中古時代的歐洲，因為蠻族的入侵及
封建的影響，生活的重心只是存諸「貴族和宗教」，整體社會是靜態
的，變遷速度慢。自十五世紀開始的四、五百年間，在西歐發生了巨大
的變化，封建莊園的解體，貴族的沒落，科學技術的進步與工業化的展
開，代表著傳統農業社會的結束，以及一個新的社會的到來；亦即從文
藝復興、宗教改革到啟蒙運動，一波波的思潮促使「人」的地位漸漸提
高了，人文主義的精神開始從宗教中解放出來，人們已開始將大自然視
為可以被人類利用、控制和開發的客體，而不再是一個神祕不可解的事
物。此時，一種新的思考方式和知識形式——科學出現了。

　　科學是一種反對「玄思冥想」和重視現實經驗的思潮。科學家已
從神學家、形上學家和道德哲學家的束縛中獨立出來，成為一種專業性
的角色。自此，個人得以脫離社會規範的束縛，才營造出社會科學發展
的環境，亦即思想家可以客觀地對社會事實的探討，提出個人的研究心
得。社會科學係為一運用科學方法，以探討社會現象的學術思想體系。
回顧人類知識的軌跡，可以發現人類考察社會所提出的思想與學說，雖
可追溯至相當久遠的年代，但使用科學、客觀，以及有系統的分析探
討，則屬於近代社會的產物。此種知識的勃興，除了歸諸上述的背景之
外，尚有諸多思想家提出精鍊的思想，以帶動該學問的建立，彼等可謂
為社會科學發展的領航人。

第一節　馬基維利

　　馬基維利（Niccolo Machiavelli, 1469-1527）生在佛羅倫斯，是有
名的政治思想家、史學家、劇作家、外交家和軍事家，出身望族，精通

歷史與古典文學，在二十九歲就擔任公職，而且以獨特的才幹受任為佛羅倫斯政府的國家戰略機要祕書，深受國防外交委員會主席的欣賞，曾擔任三十多次的重要外交任務，表現優異。他所著的《君王論》（*The Prince*）一書，乃是告訴君王要怎樣做一個君王，怎麼做才是一個真正的政治領袖。

一、君王掌握權術

「作為君主，雖然沒有必要具備所有的優點，但是要讓人們認為你具有這一切。」讓人們認為君主有同情心、重信義、有人情味、光明正大，這點非常重要。如果說不得已要放棄這些德行的話，那你必須要具備相反的技能。為維護國家利益，有時不得不背信棄義，拋開大慈大悲之心，甚至喪失人性。君主首先應該做的，是在最佳狀態下如何維護國家利益。如果成功了，對於你採取的任何措施，誰都無從非議，誰都會表示讚賞。作為君主，也不應該缺乏找出這個「轉變」理由的能力。眾所周知，君主如果不玩弄權術，光明正大，是最難能可貴的。但是經驗告就我們，不拘泥信義的君主，更能成就大業。善於操縱別人的君主，比信任別人的君主，從結果上來看，更能獲得事業的成功。要取得成功，一靠法律，二靠權力。

二、強調統治技巧

《君王論》強調的統治技巧，第一個方法是人性，第二個方法是獸性。然而我們都知道，光靠第一個方法，在現實中往往是不夠的，所以只好借助第二個方法才能取得更好的效果。這意味著，作為領導者，有必要學習人性和獸性，這兩者，缺少任何一樣，都不可能長久維持地位不變。君主必須具有獸性的一面，從野獸的本質來看，最引人注目的是

狐狸和獅子。單靠獅子不能從圈套中逃脫，靠獅子只可以趕走狼。要破圈套得靠狐狸，要趕走狼，還得靠獅子。所以說，只當獅子就滿足的君主，是因為他不明白這一點，同樣地，只當狐狸就滿足的領導者，也是因為沒有參透這層道理的緣故。君主必須巧妙地運用狐狸般的騙術，要神不知鬼不覺地進行。

三、權力高於一切

人是單純的動物，很容易受表面現象所蒙蔽，所以，想騙人的話並不是不可能。即使對方是掌權的人，如果認為給他新的恩惠，舊怨就會消失的話，那麼你就犯了無法挽救的錯誤。君主被認為小器並不可怕，因為這種所謂的「惡行」，不是掏空自己的金庫，也不是掠奪，而是為了統治。

四、君王奇正互用

利用自己的力量和策略扶植某個人，當他一旦變得強大時，就會反過來覺得自己的生死大權掌握在你的手中，而產生戒心。對待人民的態度，要嘛是寬容的，要嘛是高壓的。人在遭受輕度侮辱時，會產生復仇心理。但如果遭受巨大傷害時，復仇之心卻會隨之喪失。因此，傷害他人時，必須採取不致讓對方產生復仇念頭的方法。人就是這樣，可能加害他的人，如果對他施以好處，會比一般人施加好處，更使他感動。

人總是這樣，當他估計要做一件事，哪怕只有一點點困難，都會表示反對的。人出於恐懼和憎恨的心理，都會做出偏激的行為。

第二節　馬丁・路德

　　路德（Martin Luther, 1483-1546）為宗教改革家，他的思想宣揚了新教徒的道德觀。路德宗教改革的首要任務，就是摧毀羅馬教皇的絕對權威。為此，他指出：「人有自由意志，可行善避惡，反之亦然。人靠自己本來的力量，能遵守上帝的一切誡命。人靠自己本來的力量，能愛上帝過於萬物，又愛鄰舍如同自己。」這就否定了教皇的權威，把教皇的權威歸還給個人，真正的權威在於對《聖經》的信仰。同時，信仰也是平等的，無論是教主、貴族，還是平民百姓；也無論是腰纏萬貫的財主，還是一貧如洗的乞丐，他們都是上帝的子民，同樣沐浴著上帝的恩澤，同樣享有自由信仰的權利，因而都能從《聖經》中獲得自己的信仰。路德主張「信仰是唯一的權威」，強調信仰的平等自由，這實質上是宣揚個人的自由、平等和尊嚴，主張以個人為本位。他親自把《聖經》譯為德文，打破了僧侶對《聖經》的壟斷，使人們能夠瞭解《聖經》、自由平等地信仰《聖經》。

　　路德認為善不是來自行為，而是來自心靈的信仰。行為的善惡不在於行為的效果，而在於行為的動機，即行為是否出自心靈的信仰。這與當時教會以對教會捐賜多少、買贖罪券多少、修行苦練程度如何來衡量人的善惡，是截然相反的。所以，路德的純動機論是一種極為簡便廉價的道德修養方法，完全適合市民社會的新生活方式和道德要求。

　　路德提出了「天國在人自身」的思想，人靠內心的信仰即可獲救，不必進行繁瑣的苦行修鍊，表達了市民社會要求擺脫封建制度和教會的束縛、要求信仰自由的願望。路德以個人為本位的信仰思想，在形式上保留著宗教的外殼，但具有反對教會權威，反對封建專制的積極意義。

 ## 第三節　培根

　　在歐洲中世紀，神學和經院哲學占有統治地位，它極力抬高神的地位，貶低人的價值，宣揚自然界和人都是上帝有目的的創造和安排，因此，不要去研究自然，不要關心現實，要面向天國和來世。針對這種信仰主義、蒙昧主義，培根（Francis Bacon, 1561-1626）提出了研究，解釋在自然的王國中，人的地位和作用問題。培根強調，人不能消極地受自然的擺布，而要靠自己的力量去認識和利用自然，創造幸福生活，他指出：「在歐洲最文明的區域和新印度最野蠻的地方，人們生活是怎樣的不同，就會感到『人是人的上帝』。」把人提升到了神的高度，對人的價值給予高度評價。因此，他響亮地喊出了「知識就是力量」、「人類知識和人類權力歸於一」的口號，強烈地感受到人類只能靠自己及所掌握的知識的力量，認識自然、控制自然，為人類造福。

　　培根在《應學論》（The Advancement of Learning）中把知識分為三類：一類是自然的知識，相應的是自然科學；另一類是上帝的知識，相應的是神學；再一類是人的知識，相應的是人類科學。他把關於人的科學放在最後，目的在於表明人的科學是最高的科學，科學研究和獲取知識的目的，都是為了使人過著和善幸福的生活。在他看來，人是能夠借助於自身的力量得救的，一方面，人們可以經由信仰上帝和宗教信條拯救自己的靈魂；另一方面，也可以透過科學活動，提高自己在自然中的地位，利用自然為自己謀福利。羅素（Bertrand Russell, 1872-1970）曾對此評論說：「培根哲學的全部基礎是實用性的，就是借助科學發現與發明，使人類能駕馭自然力量。」

第四節　霍布斯

　　霍布斯（Thomas Hobbes, 1588-1679）認為在人類進入社會國家之前，曾經有過一個沒有任何共同權利的自然狀態。人類在這種自然狀態下，每一個人都是盡一切力量保存自己、追求自由幸福。這種保存自己和追求自由幸福，就是人的自然權利，「就是每一個人按照自己所願意的方式，運用自己的力量保全自己的天性——也就是保全自己的生命——的自由。」這種自由，就是每個人有權利按照他自己的判斷和理性，認為最適合的手段去做任何事情的自由。然而，在這種自然狀態下，沒有任何道德可言，人人反而不能安全自保。因此，人類社會必然要從戰爭的自然狀態，進入和平的社會狀態。

　　《利維坦》（*Leviathan*）是霍布斯的鉅著，試圖建構一套全面性的哲學理論，來處理自然科學、政治科學及科學方法學。「利維坦」本是一種怪獸，霍布斯用它來比喻國家，以顯示國家的龐大和威嚴。霍布斯對自然狀態下人們的心理狀態及生活狀況的分析，認為在任何政治都還不存在的自然狀態下，人人欲保持個人的自由，但是又欲得到支配旁人的權力。這兩種欲望都受自我保全的衝動主使。由於它們的衝突，發生了一切人對一切人的戰爭。霍布斯是要解決人類如何結合，並服從一個中央權力的社會，從而免除上面所提到的那些惡弊。他認為，是透過社會契約而實現的。他這樣設想：有許多人匯聚起來，同意選擇一個主權者或主權團體，對他們行使權利，結束總體混戰。人類的協和只能是憑藉盟約的人為協和。這種盟約必須把權力交付一個人或一個議會，稱作主權者。霍布斯這裡的盟約，不是後來洛克和盧梭講的那種公民與統治權力者之間的盟約，而是為服從過半數人所選擇的那個統治權力者、公民們彼此訂立的盟約。公民做出選擇之後，他們的政治權力即告終止。

政府一經選定，除這政府認爲宜於許可的那種權利以外，公民喪失掉一切權利。反叛的權利是沒有的，因爲統治者不受任何契約束縛，然而臣民要受契約束縛。如此結合起來的群眾稱作國家，這個「利維坦」是一個凡間的神。在霍布斯的體制中，主權者的權力沒有限度。他對一切意見的表達有檢查權，主權者主要關心的是維持國內和平。主權者手中的懲治權並非出於什麼正義概念，而是因爲他保留了在自然狀態下人人持有的自由。

總之，在霍布斯這裡我們見到了現代政治學主流論述的基本特徵，比如個人權利的根本重要性、政治世界與道德世界的分離等，他的契約理論所導出的結果雖然罕有後人加以接受，但契約論本身一經他開創，對憲政理論的發展產生了非常積極的作用。這一切都使霍布斯當之無愧地成爲現代政治哲學之父。

 第五節　洛克

洛克（John Locke, 1632-1704）認爲，人的觀念、原則都是從經驗而來，並非是天賦的。學問的職責，就在於找尋出人類能招致幸福的規則和實踐它們的方法。人們之所以普遍認可或履行某些道德原則，並非心靈上由天賦存在，而是因爲道德原則有利於實際生活。例如遵守契約成爲普遍的道德原則，是因爲只有這樣，人類才能生存和發展，否則就要遭受懲罰。《政府論》（*Two Treatises on Government*）是洛克最重要的政治論文。洛克極力並有效地駁斥了君權神授的主張。洛克主張政府的權威只能建立在被統治者擁護的基礎之上，並且支持社會契約論。不過，他也強調社會契約論是可以廢除的。他提出了一套正當政府的理論，並且主張當政府違反這個理論時，人們就有權推翻其政權。洛克提出了一套與霍布斯的「自然狀態」不同的理論，他主張每個人都擁有

自然權利，而他們的責任則是保護他們自己的權利，並且尊重其他人的同等權利。透過洛克稱為「理性」的自然法的概念，人們就能理解為何他們必須尊重其他人的權利，包括尊重他人經過勞動而獲得的財產的權利。由於在實踐上，自然法經常被忽略，因此政府的保護是必要的，然而政府的統治也必須經過被統治者的同意，這樣的統治也只有在一個全體的法律體制下，才能表現出來。因此，所有的政府都只是人民所委託的代理人，當代理人背叛了人民時，政府就應該被解散。當立定的法律被違反或是代理人濫用權力時，一個政府便是背叛了其人民。當政府被宣告解散後，人民便有權再建立一個新的政府，以對抗舊政府的不正當權威，這種情況又可稱為「革命」。

洛克認為，追求真正的幸福是一種必然性。人類智慧本質的最高境界，就在於謹慎地、恆常地追求真正的幸福。人畢竟是一個有理智、理性的動物。理性告誡人們，不要為了暫時表面的快樂所陶醉，而要用理性來調節自己的追求，把真正的幸福和最大的快樂作為追求的目標。人要有遠慮，遠慮就是考慮把個人的利益和幸福，與他人、社會的利益幸福結合起來。在洛克看來，個人利益和社會利益是一致的，而且，只有顧及他人和社會的幸福，個人的幸福才有最終的保障。

 ## 第六節　孟德斯鳩

孟德斯鳩（Charles de Secondat de Montesquieu, 1689-1755）認為，人是理性的動物，人類在進入社會之前處於自然狀態，這時的法就叫「自然法」，這樣的自然法主要有四條：第一，在自然狀態下，每個人都很軟弱、自卑、沒有平等感，因此人們需要和平，而不是人對人的戰爭狀況；第二，由於人類軟弱和生存的需要，促使人類去尋找食物；第三，與其他動物不同，在人們相互之間經常存在著一種自然的愛慕；

第四，人類的願望是過社會生活。他認為，由於人的知識理智，使人類從自然狀態過渡到社會狀態，於是人與人之間的平等消失了，取而代之的是戰爭，政府為了維持秩序，使人人都能依法活動，保證人的自由平等權利，就制訂了處理統治者和被統治者關係的法律，即「人為法」，有國際法、民法、政治法、道德法和家法，以及各種特殊法，作為一切法的基礎的，就是自然法。道德法也不例外，它是建立在人的本性基礎上，這就是他堅定不移的信念，他正是從這個信念出發，對封建專制主義和宗教進行了尖銳的揭露和批判。

孟德斯鳩痛斥君主專制制度，他認為專制制度藐視法律，以人代法，要求人民絕對服從君主的決定，甚至是昏庸及荒唐的命令。在專制暴君的統治下，人的命運和牲畜一樣，就是本能、服從與懲罰；專制政體的原則就是恐怖，就是對人的殘害，在本質上是腐敗的東西，因此必然違背理性的法則而滅亡。孟德斯鳩從批判君主專制，進而抨擊天主教教會。他堅決要求用科學擺脫宗教的束縛，使科學從神學的統治下解放出來。他雖為貴族，卻批評封建統治，他突破「神授君權」的觀點，認為人民應享有宗教和政治自由；認為決定法的精神和法的內容，是每個國家至關重要的。保證法治的手段是「三權分立」，即立法權、行政權和司法權分屬三個不同的國家機關，三者相互制約、權力均衡。「三權分立說」對於一七八七年的「美國憲法」、一七九一至一七九五年的「法國憲法」和一七九二年的「普魯士法典」的制定工作，產生重大的影響。

孟德斯鳩區別了歷史上三種統治形成或三種政體：共和政體、君主政體和專制政體。共和政體需要的是品德，即以品德為原則，靠道義的力量來維繫。共和政體是人民掌握最高權力，人民關心政治，把愛共和國、愛民主政治、愛平等作為國家讚揚和肯定的普通品德，這種品德會導致風俗的純良，表現出人民的儉樸，人人平等地為國家服務。這時，國家有風紀、有秩序，也有道德，因此，風俗是共和國的基礎。孟德斯

鳩認為，合理的政治制度和明智的法律，是人們自由平等和財產不受侵犯的保證。他主張用法律的精神，即理性原則精神建立合理的社會制度，改變社會風俗，建立以整體利益為原則的政治品德。政治品德的核心是愛祖國、愛法律以及與此相聯繫的自由和人道，並且認為自己的使命主要就是宣傳新道德，啓迪人民培養出忠於國家、忠於職守和獨立自由的公民品德。

 ## 第七節　盧梭

　　盧梭（Jean-Jacques Rousseau, 1712-1778）社會思想的中心是人，因而認為學問的任務，就是在研究人的基礎上，指導怎樣做人。在他看來，在人類的各種知識中，有用的知識就是關於人的知識，但關於人的知識正好最不完備，因此必須經由人研究社會，由社會研究人。按照盧梭的設想，自然狀態是一種和平的、人人平等、自由的狀態。隨著人類智力的發展和技巧的不斷改善，人類發明了洞穴、石斧，使用了火，出現了家庭。特別是土地的占有和分配的不平等，使私有制逐漸取代了原始的不平等。他說：「自從人們覺察到一個人據有兩個人糧食的好處的時候起，平等就消失了，私有制就出現了。」土地私有制的產生，象徵著人類文明社會的開始，同時也是人類精神走向沒落的開始。私有制形成之後，從根本上改變了人類存在的條件和相互關係。隨著土地的私有和交換關係的發展，原始的自然的不平等，即變成財富、地位（或階級）、權勢、個人功績方面的不平等，社會中產生了窮人和富人的利害衝突。為了維護自己的利益，富人欺騙窮人訂立契約，建立起相應的法律制度，給窮人以新的枷鎖。這樣，維護富人利益的權力機構建立起來了，官僚系統日益完善，最後在混亂之中，暴君政治形成，它蹂躪法律和人民，在共和國的廢墟上，建立起專制主義統治。在私有制基礎上，

物質文明每前進一步，都伴隨著精神不平等的深化和道德的墮落。盧梭的政治哲學中，最主要的原則是自由，捍衛自由是國家建立的目的之一。這也是法國大革命為何由政治革命而社會革命，再由社會革命而道德革命。

《社會契約論》（*Du Contrat Social*）於一七六二年出版，是盧梭最重要的著作，描述人和社會關係，成為了反映西方傳統政治思想的最有影響力的著作之一。其中開頭寫道：「人是生而自由的，但卻無往不在枷鎖之中」。自然狀態下，常有個人能力無法應付的境況，必須經由與他人的聯合才能生存，因而大家都願意聯合起來。人們聯合在一起，以一個集體的形式而存在，這就形成了社會。社會的契約是人們對成員的社會地位的協議，統治者與被統治者的契約應該被重新思考。政府不應該是保護少數人的財富和權利，而是應該著眼於每一個人的權利和平等。不管任何形式的政府，如果它沒有對每一個人的權利、自由和平等負責，那它就破壞了作為政治職權根本的社會契約。這種思想是法國大革命和美國革命的根本。

第八節　亞當・史密斯

亞當・史密斯（Adam Smith, 1723-1790）被譽為是英國古典政治經濟學最偉大的代表，史密斯是經濟自由主義理論的主要創建者，素有「經濟學之父」的稱號。

亞當・史密斯一七七六年出版的《國民財富的性質和原因的研究》，簡稱《國富論》（*The Wealth of Nations*），其目的是闡明財富的起源以及其產生和增長的條件。該書的中心思想是基於人性論和自利心的自由放任思想，即經濟自由主義思想。史密斯所注意的有兩大問題：首先，他想揭示的是社會之所以能團結起來的機制；另一個引起他注意

的問題就是社會將走向何處。在《國富論》一書中，史密斯分成五個部分來解決他的這兩大問題。

一、分工、交換和貨幣理論

這一理論分成三點來論述：

1. 分工和交換理論：勞動生產力最大的增進，以及運用勞動時所表現的熟練的技巧和判斷力，都是分工的結果，分工不是人類智慧的結果，而是人類要求相互交換這個傾向造成的，分工的程度，總要受交換能力大小的限制。
2. 貨幣理論：分工確立後，一切都要依賴交換而生活，貨幣成為一切文明國家商業上的通用媒介。
3. 利己動機：經濟的出發點是人們的利己心，每一個人行為的動機，主要是在為自己求得利益，個人自私可以有助於整個社會福利，現代化工業的建立，來自於精密的分工和資本的累積，對於這兩種現象，都可用「自求利益」作為解釋。

二、價值理論

這一部分史密斯分成四個步驟來論述：

1. 價值有兩個不同意義，它有時表明特定物品的效用，有時又表示由於占有某物而取得的對這種貨物的購買力，前者為使用價值，後者為交換價值。
2. 勞動是衡量一切商品交換價值的真實尺度。
3. 工資、利潤、地租是一切收入和一切可交換價值的三個根本源泉。

4.商品是按照它的自然價格出售的。

三、三個階級

這個部分主要講的三個階級是指工人、資本家和地主。首先，工資是勞動的價格；勞動者希望多得，雇主希望少給，勞動者都想為提高工資而結合，雇主都想為減少工資而聯合；土地一旦成為私有財產，地主就要求勞動者從土地生產出來或採集到的幾種物品中，分給他一定的份額，地租是地主借給勞動者使用的自然力的產物。

四、資本、生產勞動和再生產

資本可用來生產、製造或購買物品，然後賣出去以取得利潤，這樣的資本可稱為流動資本。資本又可用來改良土地，購買有用的機器和工具，或用來製備無須易主或無須進一步即可提供利潤的東西，可稱之為固定資本。

五、自由競爭與自由貿易

惟有對內對外的商業不受任何限制，方能使一個國家得到充分的發展與繁榮；應當分工，要提倡自由貿易。在自由競爭和自由貿易的狀況下，君主只有三個義務：第一，對外抵禦敵國：保護社會，使其不受其他獨立社會侵害；第二，對內執行司法：盡可能保護社會上的各種人不受侵害或壓迫；第三，建設並維持公共事業以及某些公共設施。亞當·史密斯還認為，政府和人民都應該高度重視發展教育。在自由國家，政府安定依賴有力的輿論，公眾教育程度愈高，受教育者愈普及，愈有公正判斷的能力。所以，政府對於教育的輔導推動，實不可稍有疏失。

第九節　邊沁

　　邊沁（Jeremy Bentham, 1748-1832）強調經由對「最大多數人的最大幸福」論證，說明功利主義的道德原則是對快樂和幸福的追求，功利主義的最高道德原則，是獲取最大多數人的最大幸福。邊沁認為，判斷一切事物和一切行為好壞的標準，在於它是否能產生功利。所謂功利，意即指一種外物給當事者求福避禍的那種特性，該外物就趨於產生福澤、利益、快樂、幸福或善。如果當事者是個人，那麼就以個人幸福為標準；如果當事者是政府，則以社會幸福為標準。因此，追求最大多數人的最大幸福，是最高的功利原則。同時，邊沁認為，追求功利不僅是理性的職責，也是法律強制的重要任務。立法者的職責，不過是在私人利益和社會公益之間求得協調，個人在這種協調過程中，是對自己追求幸福量的預計與計算，社會則在這種協調過程中，利用政府和法律來保證個人的生存、富裕、安全、平等。協調的結果是使人性更健全，社會文化更發展。

　　邊沁認為，權利反映了一個人有其行動的自由，有著以某種懲罰或譴責的規定來保障不受他人侵犯。人們也只有認識到個人利益是公共利益的一部分，個人利益是公共利益的基礎，才能在自由競爭中認識到什麼是社會利益，才能理解社會是一種虛構的團體，由被認作其成員的個人所組成。那麼社會利益又是什麼呢？它就是組成社會單個成員的利益之總和。邊沁這一社會利益是個人利益之總和的思想，從道德上肯定了個體謀取私利、發財致富的活動，反對政府打著公益的幌子對個人施加各種限制。同時，也企圖填平利己行為與利他行為之間的鴻溝，似乎個人利益就是社會利益的一部分，個人增加一份利益，實際上就是為社會增加一份利益和一份幸福。

　　邊沁並以功利主義爲前提，分析了九種具體的動機：(1)善意；(2)愛名譽；(3)求友；(4)信教；(5)不快；(6)生理要求；(7)金錢喜好；(8)權力愛慕；(9)自我保全。他認爲在大多數情況下，可以把善意、愛名譽、求友、信教這四種動機，歸爲好的一類動機，稱之爲社會性動機；把不快歸爲壞的動機，稱之爲非社會性動機；把生理要求、金錢喜好、權力愛慕、自我保全都歸爲自利的動機。按照功利主義的道德觀，道德本身不是目的，而是工具，趨善避惡不過是爲了趨樂避苦，道德的價值就在於它是獲得幸福的最佳途徑。

第十節　馬爾薩斯

　　托馬斯・羅伯特・馬爾薩斯（Thomas Robert Malthus, 1766-1834）是英國經濟學家，其主要的著作有：《人口學原理》（*An Essay on the Principle of Population*）、《政治經濟學原理》（*Principles of Political Economy*）等。

　　《人口學原理》全名爲「論人口原理及其對於人類幸福的過去和現在的考察，附我們預測將來關於除去或緩和由人口原理所生的弊害之研究」。馬爾薩斯提出了人口發展四個方面的觀點，即兩個「公理」、兩個「級數」。

一、兩個公理

　　馬爾薩斯的人口思想的出發點是兩個公理：「第一，食物爲人類生存所必需。第二，兩性間的情欲是必然的，且幾乎會保持現狀。」這兩個公理，自有人類歷史以來，似乎就是我們本性的固定法則。在馬爾薩斯看來，第一個假定爲無可辯駁之公理，第二個假定人們亦未能否定。

儘管人類在智力上高於其他一切動物，但是不能認為人類必須服從的自
然法則，與人們看到的普遍存在於生物界其他部分的自然法則，有本質
的區別。人類的增長可能比大多數其他動物要慢，但是要養活人類，食
物是同樣必不可少的；要是人類的自然增長力，超過有限的土地所能長
期提供食物的能力，那麼，人類的這種增長就必然經常為獲取生活物質
的困難所阻礙。

二、兩個級數

　　即人口以幾何級數成長，而生活物資僅以算術級數增長。其進一步
意義，在於首次對人口問題進行了社會制度的研究。在觀察生物界時，
我們對動植物的繁殖力產生了深刻的印象。由於大自然的產物變化無
窮，它們要達到的目的又各不相同，它們在這方面的能力的確幾乎是變
化莫測。但是，無論它們緩慢增長還是迅速增長，只要它們以種子或以
世代增長，它們的自然趨勢必定是按幾何級數增長，即以倍增的方式增
長；在任何一個時期，無論它們按什麼比率增加，要是沒有其他障礙妨
礙它們，必定以幾何級數增長。馬爾薩斯認為，儘管人類在智力方面遠
遠勝過動物，但在繁殖上卻與動物無多大區別。按照自然法則，人類沒
有食物就不能生存。不論在人口未受抑制的情況下，其增長率有多高，
人口的實際增長在任何國家，都不可能超過養活人口所必需的食物的增
加。但是，按照關於有限的土地生產能力的自然法則，對土地所生產的
食物來說，其在同樣長的時期內所能達到的增長，過了一個短時期後，
必然會持續下降，或者在最好的情況下停滯不前，以致只能按算術級數
來增加生活資料。因此，情況必然是這樣：地球上絕大部分地區人口
的實際平均增長率（它服從食物增長的同一規律）的性質，必定和未受
抑制的情況下人口的增長率完全不同。所以，人口的增殖力比土地的生
產力，遠為巨大。人口在食物供給不受妨礙時，以幾何級數，即1、2、

4、8、16、32、64……增長，每隔二十五年總數要成長一倍。生活物質即使在最有利的條件下，也只會以算術級數，即1、2、3、4、5、6、7……增加，這是一個普遍規律。實際上，在土地收益遞減規律的作用下，實際的增長速度較此更慢，土地給日益增長的人口提供糧食將愈來愈困難。因此，生活資料的增長速度趕不上人口增長速度。

問題與討論

一、請說明馬基維利對社會科學的基本觀點。

二、請說明馬丁‧路德對社會科學的基本觀點。

三、請說明培根對社會科學的基本觀點。

四、請說明霍布斯對社會科學的基本觀點。

五、請說明洛克對社會科學的基本觀點。

六、請說明孟德斯鳩對社會科學的基本觀點。

七、請說明盧梭對社會科學的基本觀點。

八、請說明亞當‧史密斯對社會科學的基本觀點。

九、請說明邊沁對社會科學的基本觀點。

十、請說明馬爾薩斯對社會科學的基本觀點。

Chapter 5

社會科學發展的領航人(二)

　　在人類的文明發展歷程裏，今日我們不能仍然繼續圖謀以不變之原理因應萬變之局面。在當今新知突起，經驗多變，人類思想愈來愈開明無礙的情況下。創新的文化及事物取代傳統的文化及事物，這是一件司空見慣而又順理自然的事。它的司空見慣，彰顯於歷史；而它的順理自然，則是因為人類總是不斷產生新的意識、形成新的思維和匯聚新知識。而這過程有許多來自於傑出成就的領航者。

 # 第一節　孔德

　　孔德（Auguste Comte, 1798-1857），法國人，是社會學的創始人，一八三〇至一八四二年出版了六卷本的《實證哲學教程》（*Course of the Positive Philosophy*）。他於一八三九年率先提出社會學一詞，該詞彙是把表示社會的拉丁語Socius，與表示學問之希臘語Logies，兩者聯合起來，創立了Sociologie的新詞彙。孔德運用實證主義的方法，對於社會的重整進行研究，並且進一步將社會學的內涵加以體系化。他生長於法國大革命之後，當時社會出現持續混亂的局面，使他深切地體驗到，為了克服十九世紀初期的社會危機，重建法國的社會，必須使用實證方法，以科學的方式提出有效的解決之道。依孔德的說法，實證的內涵，具有現實性、有用性、確實性、正確性、建設性、相對性等六種意義。他認為人類的精神，經由神學、哲學、科學的三個階段向前邁進。在神學時期，人類的心智在尋求自然界的起源和目標的時候，總會歸結到超自然的能力；在形上時期，人類的心智推論有關創造萬物的抽象力量；在最後的實證或科學時期，人類的心智已不再尋求宇宙萬物的起源和終點，轉而重視且運用到人類本身的法則。而對應此三種階段的發展，是以軍事型、法律型、工業型的社會型態相對應，此即他所提出的著名三階段法則。孔德社會學的主要內容，由社會靜學與社會動學等二

種部門所組成，社會靜學的內容，主要在於闡明社會秩序的原理，使用社會有機體理論，分析社會的結構；社會動學則著重於說明社會進步的法則，運用知識進步的三階段以說明社會變遷。他認為社會是一個具有靜態結構，同時又不斷發展的有機整體。

由於他的社會學以進步和秩序作為兩個基本概念，為社會尋求安定發展，尋求社會與個人的和諧局面，因此被認為是法國革命後公民社會安定時期的理論，主張階級調和，倡導所謂利他主義的倫理觀。他認為所有的知識，依據它的複雜性，在到達實證階段的過程中，並非同時到達，而是有其位階性。由於人類社會的所有現象均極富變化性，並且會隨著世代的不斷交替，使一個社會出現快速、連續性的進步。在建構實證主義時，是要把整個人類知識做一個系統性敘述，而歸結到一種新科學的建立，該科學便是社會學。同時，企圖運用此科學建立新的社會秩序，運用純粹理智的方法來觀察社會，特別是對資料的觀察和分析，亦即運用推理和觀察以建構其抽象的理論、法則，並運用實際概念以解釋事實，促成科學發展。涂爾幹曾做了以下的評論：「實證哲學的思想、用語、概要皆出自聖西門（S. Simon）時代，而建立計畫，並嘗試親自實踐，將此系統化擴及人類知識的所有對象的第一個人，則是孔德。」

 ## 第二節　達爾文

大多數研究社會發展史的學者都主張：真正把人類社會的變遷看作是一種向前邁進的過程的思想，是萌芽於十七世紀左右，成形於十八世紀，而盛行於十九世紀的歐洲思想界。他們認為這種社會進步的思想，一方面是由於自然生物學科發展所帶來的影響，另一方面則也是受當時歐洲工業革命的衝擊所致。達爾文（Charles Darwin, 1809-1882）的《生物進化論》（*Biological Evolutionism*）是當時思想界的中心理論，依據

生物進化論的類比和應用，來說明社會的歷史變動，此種理論即所謂的
社會進化論。

達爾文的《生物進化論》認定：

1.所有的生物皆有一種生育過多的傾向，亦即指下一代的數目總比
　上一代的數目多。

2.雖然生物皆有生育過多的現象，但是從長期來觀察，生物的總數
　量是穩定的，並無顯著增加。

3.此種穩定性乃是因為生存競爭、自然淘汰的結果所致。生存競爭
　和自然淘汰是自然選擇的兩種過程，能適應環境的就能生存，無
　法適應者乃被淘汰。

4.每一種生物都有其獨特的體質，此種獨特的體質可經由遺傳而傳
　至下一代，使其更能適應環境的需求。

5.生存競爭和自然淘汰的結果使得生物體的特質有所改變，下一代
　的特質乃與上一代有所不同，此種變遷亦即進化現象。

6.如果一個人的社會行為，使得這個人更能適應環境，生育下一代
　持續下去，則社會行為必會經由遺傳基因而傳遞至下一代。社會
　行為因此不能單從社會文化的立場來分析，生理遺傳基因的影響
　必須兼顧。因此，社會行為是環境、生理、社會文化三種因素相
　互影響下的產品。

 ## 第三節　馬克思

馬克思（Karl Marx, 1818-1883）深受伏爾泰（Voltaire）、盧梭、
洛克、黑格爾（G. W. F. Hegel）等思想家的影響。馬克思曾寫下如是的
句子：「哲學家只在改變詮釋這個世界的方法，而其目的卻是在改變這
個世界。」這也正是他一生最好的寫照。馬克思著作甚多，包括《共產

黨宣言》（*The Communist Manifesto*）、《政治經濟學批判》（*Critique of Political Economy*）、《資本論》（*Das Kapital*）等。他以「經濟決定論」為重心，認為整個社會組織係由經濟狀況所決定，一切人類意識與制度只是經濟狀況的反映。在這種以經濟關係為基礎的社會上，再產生法律、政治、文化等上層結構。換言之，物質生活中的生產方式決定社會、政治和精神生活的一般性質，不是人們的意識決定他們的生存；相反的，是他們的社會生存決定其意識。而整個社會結構，隨著經濟基礎之變遷而改變。馬克思思想中最根本的一個關注基點，即在社會變遷，他的興趣在找出人類變遷的法則。馬克思認為，階級鬥爭是人類歷史上一個普遍的現象，任何一個時代皆存在，歷史的演化即鬥爭的結果。至於如何推翻壓迫階級，其方法是被壓迫階級的革命。當勞動者自己取得並管理一切生產工具之後，社會上將無剝削之事，人類社會將變成無階級的社會；這是其理想社會的遠景。

關於馬克思的一些基本觀點，分述如下：

1. 採取辯證法的思想方式：認為因素和因素之間是一種相互關係，因此，對於問題的探討必須採取較廣泛而非單一因素，不能以片面的方式來看問題，是一種重視批判和理論實踐的社會學。

2. 採取結構和鉅觀的觀點：馬克思是採多元化的觀點來看社會現象，因此，對於社會現象的研究亦採取歷史的觀點加以考察，以期獲得對社會全面的認知。其採用歷史觀點，是認為以往的制度是會影響當事人，而當事人必須運用社會運動來革除這種約束；同時馬克思亦認為下層結構的意識會反映到上層結構，而社會位置的差異，亦形成不同的階級意識等。

3. 採取價值中立的態度（Value-Free）：欲價值中立並不容易，但是正因為研究對某些問題無法完全價值中立，而產生人們對某些問題研究的興趣。

4. 有關理論和實行的觀點：認為當時社會現象的研究產生的理論必

須能夠運用於解決當時的社會問題，對社會現象的探討具有濃厚的批判性。

5. 有關批判的態度：對社會現象的探討，並非只是看到其表面的現象而被浮面的現象所圍限，須以批判的眼光深入問題的內涵，加以探究。例如對當時社會工人在資本主義下討生活，運用其犀利的眼光，指出工人錯誤的意識，以企圖導引問題的實質內涵和眞正的問題。運用這種批判態度，使人們免於錯誤的認知。

6. 馬克思對於衝突論及社會變遷的看法：馬克思認爲社會衝突的根源來自經濟因子，這是社會變遷中無法避免的，因爲社會變遷的過程中，衝突乃是一種正常現象，這使得原有社會走向變遷的途徑。社會本身就是一種強迫式的關係結構，例如資本家對勞工的壓制、制度對人民的壓制等。因此，必須使得社會走向社會主義，社會才能使人們獲得解放。

對馬克思來說，社會變遷的最主要原因，乃在於經濟因素的改變，人類的歷史過程反映著這種改變。因此，如果無產階級能改變經濟結構既有的安排，則人類歷史就會出現一個美好的階段。

 ## 第四節　史賓賽

史賓賽（H. Spencer, 1820-1903）爲英國人，於一八五○年出版了《社會靜學》（*Social Statics*）一書，認爲社會爲一個生物有機體，個人和社會的關係，有如細胞之於生物體，均採進化論的立場。史賓賽以個人爲社會的單位，從自由主義的立場建構社會學。社會發展過程受「適者生存」的決定性影響。在一八五七年的《進步：其律則與原因》（*Progress: It's Law and Cause*）中寫道：「演化原理是一種能普遍運用的法則，能說明物質界、有機界和社會界的發展。因此，演化論提供一

個統一各種科學基礎。不論研究什麼發展軌跡，這種演化運動總是朝向結構的分化（differentiation）與整合（integration）前進。各種系統不論是太陽系、生物系統或社會系統，都永遠顯示一種傾向，從構成部分是同質而結構鬆散的狀態走向愈來愈異質和整合的狀態。」因此，史賓賽的《社會學原理》（*Principles of Sociology*）促使人們承認演化過程的普遍性。史賓賽的某些概念，例如「分化」和「整合」等，都作為社會學的工具而流傳下來，特別在帕森斯（T. Parsons）的社會系統（social systems）觀和新演化論（neo-evolutionary）的著作中得到運用。經由與生物有機體的類比，將社會視為超越個人存在的有機體，而提倡社會有機體說（social organism）。社會在其成長的過程當中，隨著結構的複雜化，功能的分化，各部門相互依賴的程度加深，即使組成單位的部分受到破壞，但是全體依然存續的主張，被認為和生物有機體之間有相似之處。人類社會的發展，係由同質性往異質性改變，而提倡由單純社會往複合社會發展的社會進化論。

　　史賓賽認為社會和生物有機體的根本差異性，在於構成社會要素的個人具有各自意識的自由主體。他吸收當時普遍流行的自然淘汰或適者生存的原理，強調生存競爭為社會進化不可或缺的手段。所以，他的思想，一方面在反對國家權力的強化、壓制，形成並發展自由主義社會；在另一方面，他也把來自國家的社會福利等的救濟弱者的社會措施，當成違反了社會進化法則，而予以反對。他比較強調精英分子主義的一面，亦即依據社會性淘汰的概念來看待社會的演化。

 ## 第五節　馮特

　　馮特（Wilhelm Wundt, 1832-1920）是德國著名心理學家，心理學發展史上的開創性人物，創立了社會心理學。認為道德觀念，既不是來

自人類先天固有和永恆不變的原則，也不是由於文明的發展而產生，而是由人的道德觀念的萌芽在社會生活過程中發展出來的，是民族文化發展的一面，歸根結柢是人類個體心理和社會心理統一的結果。他認為，個體心理表現個人的「小意志」，社會心理表現由個體意志集合而成的「大意志」。小意志是個體道德，大意志是社會道德，小意志體現和服從大意志，形成道德意志。道德意志既不是被物理的因果律決定，也不是沒有任何規律支配的心理活動，而是心理活動的一種創造。馮特認為，心理學可以通過實驗的方法進行研究，並將內省實驗法引入了心理學研究，創造了特殊的方法，讓他們更仔細和完善地來看待自己，但不過分地解釋自己的心理，因為心理與生理是互相聯連的。

馮特根據其心理學研究的結論：「情感與感覺是經驗的兩個基本要素，情感與感覺是直接經驗同時產生的不同方面，情感是感覺的主觀補充」，說明人們趨向理想的動機，即道德動機是以情感為根源的。人有利己的情感和同情的情感，人的情感與知識的要求相結合，就形成了感覺及觀念，進而發展為道德動機，表現為意志的活動。但由於道德動機因情感與其結合的要素不同，而分成感性的道德動機、性的道德動機和理性的道德動機。總之，他認為道德動機源於情感，與情感有著密切的關係。馮特致力於寫作心理學歷史上最重要的著作之一：《生理心理學原理》（*Principles of Physiological Psychology*）。在這本書中，他把關於心理實驗的結果整理成一個系統，著手將心理學從哲學中獨立出來，發展成一門系統的科學，來研究人的感覺、情感、意志、知覺和思維等心理活動。

第六節　巴烈圖

巴烈圖（Vilfredo Pareto, 1848-1923）是義大利經濟學家和社會學家，提出最優狀態概念，從而奠定了現代資產階級福利經濟學的基礎。一九一六年著作的《社會學通論》（*Mind and Society: A Treaties on General Society*），主要觀點為：第一，認為社會學是法學、政治經濟學、政治歷史學、宗教歷史學等多種專門社會學科的綜合，其目的在於研究整個人類社會，揭示人的行為、社會結構、社會均衡和社會變動的決定力量；第二，提出應當用邏輯實驗論來研究社會，對社會現象總結時要排除倫理學和一般價值因素的干擾，必須嚴格遵循邏輯的準則；第三，提出精英及精英流通理論，認為精英的流通被阻塞，就會破壞社會均衡，就會使社會秩序紊亂，為此，必須開拓新的流動管道；第四，對邏輯性行動與非邏輯性行動、團體利益和有益於團體的利益做了區分。

他對史賓賽的演化論和馬克思的社會主義都持批判態度，因為他把「才能的不平等分布」（unequal distribution of capacities）當作社會學理論的基石。他既不接受自由主義，也不接受馬克思主義的社會進步概念；相反地，他認為出現在歷史上的是無窮盡的精英循環（circulation of elites）。他認為，「一種政治制度中，『人民』不搞派系、集團、陰謀、遊說等，就能表達自己的意志的情形，只能在理論家的虔誠願望中存在，在西方世界或任何其他地方，古往今來也從未見過這種情形存在」。

他對「精英論」（elite theory）認為，在精英和大眾之間存在的界限，是所有複雜的現代社會一個必然的特徵，也認為激進的民主主義者，宣揚人民能夠進行統治的願望是錯誤的。現代民主政體的產生並未帶給人民權力，而是為精英成員提供了新的基礎。

「巴烈圖最佳分配」（Pareto optimality）是指某種理論上的經濟狀況，即如果要改善任何一個人的經濟福利分配，便不能不損及另外的人或是更多其他人的福利。因此，當資源的分配使得一個或更多人的狀況都改善時，就是「巴烈圖改善」（Pareto improvement）。所以不論在任何情形下，只要可能存在一個以上的最佳狀況，巴烈圖最佳分配就不能成立。

 ## 第七節　弗洛伊德

弗洛伊德（Sigmund Freud, 1856-1939）所研究的方法和對象，主要集中在分析個體的心理和意識現象上。但他逐漸從解釋個體個別的病態意識，擴展到解釋個體全部意識，甚至擴展到解釋整個人類意識的存在和發展，及整個社會領域中的意識現象。

在《歇斯底里研究》（*Studies on Hysteria*）中，弗洛伊德對人的精神世界做了一個獨特的劃分，按照人對自身內心狀態意識的明晰程度，分為三個層面：意識、前意識和潛意識。「意識」是人日常最明晰的心理狀態，它指導著人們理性的行為，使人們的行為符合社會規範，使一個人能順利完成社會工作，與他人和睦相處；「前意識」是過去的意識，由於事過境遷，或與現在的日常生活沒有直接聯繫，我們便把它們保持在記憶之中，前意識就是留在記憶中的意識，對這種意識，如果我們不去回想它，它一般也不會出現在明確的意識之中，但如果需要回憶它，一般也很容易把它召喚到意識之中；在意識和前意識之下是「潛意識」，它是人類精神領域中最底層的成分，受到人的意識和前意識的壓制，使之不能被人明確地意識到，不能左右人的思想和行為，因為潛意識中的因素是人們所不能接受的。一方面，它包括了人類心理中原始本能的衝動，這種衝動是非理性的、本能的、利己的，是與社會生活相

悖的：另一方面，它包括了使個人感到痛苦、羞辱和其他巨大的不良刺激的記憶，人們不願再回想起它們，又不能把它們從頭腦中塗抹掉，只好把它們強制地壓在意識的最底層。但由於潛意識的因素，在人的精神領域中是最不容易消除的，所以它們總是在人的意識與前意識放鬆警戒時，溜到意識中來。

人的行為背後總有一定的動機，不管這一動機是有意識的還是無意識的。為了解釋人的行為，弗洛伊德對作為行為者動機的自我意識，做了進一步的分析說明，他把這種作為行為動機的心理狀態分為：本我（id）、自我（ego）和超我（superego）三個部分。這三個概念和上述意識的三個層次相互聯繫。「本我」是潛意識中的主要成分，是一種無理性的本能衝動，是一切動機背後的原動力或力必多（libido），它不顧一切地、絕對地、一味地要求達到滿足，它不顧他人，甚至會把自我推向滅亡。弗洛伊德認為，本我最初推動了人的行為，並始終為人的行為在最深層上提供著動力。但本我是非理性、不現實的，它要求無條件地滿足自己，必然在現實中碰壁，不得不有所收斂，並運用理性，講求策略、方法，那麼本我在現實世界中的這種代理人就是自我，自我主要是在意識和前意識的範圍內活動，但它和本我緊密聯繫，它以現實可行的方法達到本我要求的目的，同時也調整、約束本我的欲求。人的行為不僅受自身欲望要求的影響，也受他人社會要求的影響，弗洛伊德把後者稱之為個人動機中的超我。「超我」代表個人之外影響個人行為的意志動機，這種「超我」的形成主要是由於父母的權威在兒童心理上的內部化，對成年人，「超我」的力量主要來自社會的權威，「超我」不僅存在於「自我」之中，教給自我明確的行為規範，去壓制「本我」中反社會的衝動，而且它甚至滲透到本我之中，與本我中的某些因素相結合，成為動機中的一種獨立的衝動和要求，變成一種彷彿是本能的因素，一旦「自我」或「本我」企圖違背「超我」的要求，它就會用緊張、痛苦和悔恨來懲罰「自我」，使自我產生犯罪感。這就是弗洛伊德

所謂的「良心」，他認為這是人類道德律的最基本形式。

弗洛伊德認為，人的本能是無法消滅的，但只要人想生存，就必須過社會生活，於是個人本能衝動和社會合作生活的衝突就難以避免。從社會來說，必須壓制人的本能衝動，從個人生存的角度，也不能由這種本能衝動左右自己的行為，否則一定會受到他人和社會的懲罰。因此，在個人心理上建立起「超我」的道德權威，不僅是社會的要求，也是個人明智的考慮。

 ## 第八節　泰勒

泰勒（Frederick Winslow Taylor, 1856-1915）首創的工業企業科學管理，受到當時歐美科學技術界和工商界的重視。泰勒在管理方面的主要著作除了《科學管理原理》（*Scientific Management Principle*），還有《計件工資制》（*Piecwork System*）、《工廠管理》（*Shop Management*）、《科學管理》（*Scientific Management*），形成了「科學管理」的理論。《科學管理原理》強調了三點：(1)通過一系列簡明的例證，指出由於普遍存在於人們日常行為的低效能，而使全國遭受到的巨大損失；(2)力圖說服人們，解決低效能的辦法是科學的管理，而不是搜羅某些獨特的或非凡的人；(3)證明最佳的管理是一門實在的科學，它的基礎是建立在明確規定的法律、條例和原則上的。泰勒指出，科學管理的根本原理適用於人的一切行為──從人們最簡單的個人行為，到大公司的業務運行。管理的主要目的，應該是使雇主實現最大限度的富裕。而最大限度的富裕意味著把各行各業的經營引向最佳狀態，也意味著能比同級的其他人取得更高的工資，還意味著能使每個人充分發揮自己的最佳實力。

泰勒在提出新的科學理論的同時，還與原來的傳統理論做了對比，

以便科學理論爲更多的人所認可。他認爲：(1)對工人操作的每個動作進行科學研究，用以替代老的、單憑經驗的辦法；(2)運用科學挑選工人，並進行培訓和教育，使之成長。在過去，則是由工人任意挑選自己的工作，並根據各自的可能進行自我培訓；(3)與工人親密協作，以保證一切工作都按已發展起來的科學原則去處理；(4)資方和工人們之間，在工作和職責上幾乎是均分的。

在《科學管理原理》中，「生產率」是一個核心概念，科學管理的根本目的是謀求最高效率；個體僅是整個生產系統中的一個要素。其基本假設是：人是受經濟利益驅動的，是一種可供操縱的生產工具。因此，若要提高生產率，就必須用科學的原理來管理，即要分析工人的「特殊能力和限制條件」，以便使每個工人都處於自己最高效率和最大生產能力的狀態，而要達到最高的工作效率的重要手段，是用科學化的、標準化的管理方法代替經驗管理。

 ## 第九節　涂爾幹

涂爾幹（Émile Durkheim, 1858-1917）爲法國社會學家。涂爾幹的社會學思想主要包括：

一、明確社會學的研究對象和方法

社會學的研究對象是社會事實，即獨立於個人並制約個人的物質事實和集體意識事實。社會學研究應該放棄以抽象的社會整體爲對象的研究方法，而以具體的社會內容、要素和不同方面爲研究對象，對社會事實進行觀察、分類、比較、解釋。

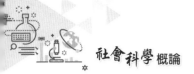

二、勞動分工與社會秩序的理論

涂爾幹認為傳統力量統治社會靠「機械連帶」來維繫，是一種建立在同質基礎上的社會體系。在近代社會中，由於社會分工的發展，擴大了人們之間的差異，但是社會分工又增強了社會成員對整個社會的依賴感，從這方面來看，分工就像社會的紐帶，因此形成社會的「有機連帶」。社會連帶（social solidarity）是由集體意識所產生的集體象徵，外在於個人的心理，對個人產生拘束。社會現象不能還原到個人的單位來探求，當個人在從事團體生活時所出現的行為，與個人在獨處時的狀態迥然不同，此時是以集體為參考架構而採取行為。涂爾幹認為此種外在於個人，並對個人加以拘束的集體意識，才是社會學探討的主題。涂爾幹認為社會的發展是源自於社會的分工所造成。至於社會發展的類型，是以社會連帶為區分，包括機械連帶的社會（mechanical solidarity society）和有機連帶的社會（organic solidarity society）。

三、《自殺論》

《自殺論》（*Le Suicide*）是涂爾幹從社會與個人的關係上解釋自殺的原因，他把自殺分為四種類型，即利己型自殺、利他型自殺、脫序型自殺和宿命型自殺。社會的人，需要一個高於個人的社會目標；對這個目標所負的義務不至於使他失去自主；他的欲望應受到社會秩序給予的一定程度的範定。如果一個社會不能提供上述三個條件，一些心理脆弱的人就可能會自殺。個體的行為受到社會的影響相當深遠，是以自殺並非僅是受個體影響，由此以印證社會集體意識的重要性。

四、宗教理論

涂爾幹認為，宗教是一種重要的集體意識，並透過對澳大利亞原始圖騰的實際考察揭示了宗教的起源和本質。

五、《分工論》

涂爾幹提出以下十個命題，以說明社會必然朝向分工的發展方向，其內容為：

1.分工愈細，愈能形成共識。

2.連帶愈緊密，每個成員聯繫的人數愈多。

3.與每個成員聯繫的人數愈多，愈能形成共識。

4.共識愈大，拒絕偏差者的數目便愈少。

5.分工愈細，拒絕偏差者的數目便愈少。

6.每個成員聯繫的人數愈多，拒絕偏差者的數目便愈少。

7.分工愈細，社會連帶就愈緊密。

8.社會連帶愈緊密，就愈有共識。

9.每個成員聯繫的人數愈多，分工就愈細。

10.社會連帶愈緊密，拒絕偏差者的數目便愈少。

涂爾幹的上述思想，對社會學的發展產生了深遠的影響。

社會科學概論

 第十節　韋伯

　　馬克斯・韋伯（Max Weber, 1864-1920）是德國著名社會學家，也是現代社會學理論奠基人之一。韋伯的社會學建樹可以概括爲兩個方面：第一，是他對社會學方法論的研究；第二，是他在不同社會領域中的具體研究。主要著作有《基督新教倫理與資本主義精神》（*The Protestant Ethic and the Spirit of Capitalism*）、《經濟與社會》（*Wirtschaft and Gesellschaft*）、《中國宗教：儒教和道教》（*Konfuzianismus and Taoismus*）等。

　　韋伯認爲社會學主要的課題爲「社會行爲」的探討。社會學者在於經由理解的方法，對社會行爲加以瞭解，以闡明其中的因果關係。社會學即爲對於行爲者所表現的有意義的行爲，追根究柢到隱藏在背後的原因、動機層面，理解當中原因與結果之間的關係，以便對社會從事說明的科學。韋伯提出理念型的概念，作爲說明社會行爲時的方法，依據此種理念型的概念，從事社會行爲的實際型態分析，以理解社會文化現象中，因果關係歸屬的方法，其性質可分爲四種類型：(1)目的理性；(2)價值理性；(3)情緒性；(4)傳統性。

　　有關《基督新教倫理與資本主義精神》一書是源於對西方經濟動力來源的探索，發現喀爾文教派之信徒在經濟行爲上的優秀表現，係源於：第一，資本主義是建立在一種合理的經營和勞資關係，喀爾文信徒具有此種態度，乃源於其認爲「上帝有決定之權力，且不受任何干涉影響，以決定孰能上天堂」。信徒爲了能上天堂，因此採「禁慾」觀念，將經濟上的利潤轉爲投資，勤勞儉樸、不浪費、不揮霍，以期建立合理的經濟行爲，榮耀上帝，並期望獲得上帝之榮寵進入天國。這種動力引發喀爾文教徒建立資本主義的理念與作爲；第二，因宗教的信念，導引到經濟行爲的「理性化」作爲上，追求目的和手段的合理計算，即爲資

本主義精神；第三，宗教對經濟行為的指引，非直接的，而是一種微妙的、迂迴的「轉折」過程；第四，這種資本主義精神在開始確實影響西方經濟行為甚廣，但是經過三、五十年，也漸成為「世俗化」的經濟理念，現所影響人們對資本主義的追求已非執著於基督教的倫理觀，而是源於大家為享有富裕生活以及欲望滿足和經濟競爭等「世俗化」的因素所影響。這也是韋伯認為許多理念的建構於完成後，反而成為人們必須遵行的「牢而不破」的框架。

　　有關韋伯的《社會科學方法論》（*The Methodology of the Social Sciences*）一書，則強調運用「價值中立」的原則，以探究社會現象，而不宜注入濃厚的個人意念，以診斷社會現象的特質。

　　韋伯社會學的另一個思潮，是社會變遷理論，該理論影響人們對工業化及現代化的思維，並引發對發展社會學的建構。韋伯認為「合理化」是現代化最核心的思想。脫離非理性觀念的束縛，亦即理性精神的普及，此意味著個人採取理性的行為，取代了非理性的行為模式，社會成員不再受習俗、慣例、因襲、人情等的拘束，亦不受感情所左右，為達到目的採取有效且適切的手段。運作採「目的理性」的方式，使得組織出現科層制，成員的考績由能力、表現取代年資，成員的評鑑方式也由個人主觀的任意認定，改採依據正式規則，使得競爭與社會流動頻繁地進行。隨著社會變遷，人們由「價值理性」走向「工具理性」，是一種疏離的現象，也同時是西方文化內涵的一部分。

　　韋伯對現代化社會中「官僚制度」（bureaucracy）的理論，是他對西方社會變遷研究中很重要的一個論題。官僚制度是現代社會的世界性命運，也就是說，韋伯認為西方社會發展的最大關鍵是理性化，藉由法律、經濟、會計和技術散布出去，整個生活就是一個功能效率與功能衡量的精神，是一種經濟化的制度（最小的成本，最大的產出），這個態度不只是對物質資源，也及於整個生活，由於理性化的不可免，行政管理掌了權，而所有社會制度的官僚化也就不可避免了。

問題與討論

一、請說明孔德對社會科學的基本觀點。

二、請說明馬克思對社會科學的基本觀點。

三、請說明史賓賽對社會科學的基本觀點。

四、請說明馮特對社會科學的基本觀點。

五、請說明弗洛伊德對社會科學的基本觀點。

六、請說明達爾文對社會科學的基本觀點。

七、請說明巴烈圖對社會科學的基本觀點。

八、請說明泰勒對社會科學的基本觀點。

九、請說明涂爾幹對社會科學的基本觀點。

十、請說明韋伯對社會科學的基本觀點。

Chapter 6

社會科學發展的領航人(三)

　　二十世紀的末葉，人類世界興起一片有目共睹的社會變遷現象，文化及科技變易的不斷加速。社會科學發展的領航人在人類社會演化、知識累進和文化傳遞上扮演重要的角色，他們所代表的精神，以及他們所開啓的意義，甚至在當今的生活方式與知識和科技中仍然生存活現，影響深遠，脈絡可尋。

第一節　葛蘭西

　　葛蘭西（Antonio Gramsci, 1891-1937）是義大利革命的馬克思主義者和政治理論家，他的支配權（hegemony）概念在現代社會學中深具影響。他的主要理論著作《獄中札記》（*Prison Notebooks*）一書，成爲當代政治、社會理論重要的源頭活水，而其中一以貫之的概念就是文化霸權的探索。

　　葛蘭西所提出的支配權、霸權，乃指一社會群體對另一群體行使的權力；一個階級主宰另一個階級的意識型態及文化，通過控制文化內容和建立重要習俗，以統一意見來達到支配目的。葛蘭西認爲工人階級在奪取政權以前，應當摧毀統治階級的支配權，並發展自己的支配權。如同發揮領導作用一樣，這也需要經過文化和意識型態的鬥爭，從而建立一種新的社會主義「常識」，並以此改變人們的思想和行爲。因此，一個從屬的、被壓迫的階級，除了組織起來反抗外在的威脅和壓迫外，還要對統治階級的思想觀念不斷進行駁斥。葛蘭西的學說最有影響力的重點是「對抗支配權」（counter hegemony）的論述，該觀點是被壓迫群體抗拒支配者的一種權力。葛蘭西強調對民衆赤裸裸使用暴力，對於保證一個體制的延續並不是穩妥的辦法。一個穩定的政權體系，同樣需要一個爲公衆所接受的正當權威原則（legitimate authority）。葛蘭西對社會學的影響，在於他鼓勵對特定制度在權力關係的社會，在生產運作方

式中進行調查，鼓勵對理解信仰結構、意識型態等方面，做更廣泛的理論研究。近年來，在諸如工人階級青年次文化、電視新聞的製作、國家教育的發展問題等研究中，都使用了支配權。

 第二節　馬歇爾

　　馬歇爾（Thomas H. Marshall, 1893-1981）為英國社會學家。《公民身分和階級》（*Citizenship and Class*）一書是他對公民身分與公民權（citizen rights）的研究成果，一直也是大多數現代學者研究這個問題的重要論著。馬歇爾立意探討公民權與福利權益的擴展對階級關係的含義，同樣也探討在資本主義經濟中，階級分化持續存在對公民權的含義，即在公民與政治領域中的民主制度與平等主義，以及在經濟領域中的非民主與不平等狀況之間的衝突。他所認為的，關於近代西方社會中，公民權與福利權益在建立社會公道和維護政治正當性上的重要意義，愈來愈被人們認為是正確的。公民權利是公民被賦予或是他們可以要求的權利，特別是在現代國家中的公民權。按照馬歇爾的說法，**表6-1**所列出的三種權利是重要的。

表6-1　馬歇爾對公民權利的分析

項目	內涵
市民權利 （civil rights）	即言論自由和獲得資訊的權利、集會結社的自由和在法律面前平等的權利。
政治權利 （political rights）	即投票權和在自由選舉中競選政治職務的權利。
社會和經濟權利 （social and economic rights）	即享受福利和社會安全保障的權利，或許有充分就業的權利，但通常不會有參與管理經濟組織，以及打破管理者管理特權和資本家擁有並運用其資本之特權的權利。

資料來源：作者整理。

在現代社會中給予公民權利，部分反映了這樣一個事實：由於人們的期望已發生變化，現代社會的政府只能把暴力作爲最後的手段。因此，必須把人民體制化，從文化上和意識型態上爭取他們，使他們至少在某種程度上，承認政權在政治上的正當性。然而與此同時，這些權利也必須通過政治活動和社會與階級的衝突去爭取。馬歇爾把公民權利的擴大說成是削弱了階級衝突的基礎，或者至少是使階級衝突「馴化」（domestication）和制度化了。衝突社會中的個人之間或團體之間，或各民族國家之間進行的公開爭鬥，在任何社會裡，衝突都可能發生在如兩個或兩個以上的人、社會運動、利益團體、階級、性別、組織、政黨，以及民族、種族或宗教團體之間。衝突的發生往往是因爲爭奪稀少的資源或機會的取得或控制，這一點也適用於國家之間和社會之間的關係層次上。衝突可能是制度化的，由各方同意的一系列規則所規定，例如企業仲裁程序，或民主社會裡的選舉程序。制度化的衝突往往被認爲是健康民主過程的證據。權力的多元觀點（pluralism）認爲，社會是由各種相互競爭的利益組成的複合體，民主的規則和制度容許發生衝突，也能消除衝突，並防止任何利益集團（如：一個統治階級）在一切爭論問題上總是占有優勢，從而提高公民個人享受自由社會的能力。簡言之，多元論主張一個使經濟、政治和社會衝突的表現受到規制的社會，比沒有這種機會的社會，更可能是自由的。

第三節　馬庫色

馬庫色（Herbert Marcuse, 1898-1979）是一位影響廣泛的德國社會理論家。他的《單向度的人：先進工業社會意識型態的研究》（*One-Dimensional Man: Studies in the Ideology of Advanced Industrial Society*）一書是著名的社會論著。

單面向的社會出現在先進工業社會，有四個重要特徵：

1.有豐富的工業與技術能力，並大量的消費、生產與分配奢侈品，用經濟學家的話來說，就是「非生產性財貨」（nonproductive goods）的大量消費。

2.有不斷提高的生活水準，並且延伸至以前權利被剝奪的那一部分人民。

3.有高度集中的經濟與政治權力，加上高度的組織，使政府涉入經濟活動之中。

4.為了商業與政治目的，不論在工作或閒暇時，對私人團體行為，都有科學與僞科學的（pseudo-scientific）調查、控制以及操縱。

馬庫色是將現代科技視為促成先進工業社會的原動力，為技術決定論者。這意味著高度的科技帶來高度的生活水準，在「消費經濟」之下，淨化享受成了特殊的生活方式，且及於社會所有的階級，人們在消遣活動的麻痺下，和一些表面民主自由的甜言蜜語下，忘了痛苦，而產生了不容反對的單一社會系統、單一語言、單一的求知方式，和單一的人類氣質。也就是說，先前歷史上仍存有革命可能的「多面向社會」，已被適於標準化功能設計的「單面向社會」所取代。用馬庫色的話來說，「出現了一種單面向的思想與行為，任何觀念、期望與目標在內容上，超越了既存的討論與行動範圍，且被化約為既定範圍的詞語。」可知單面向社會所強調的是，在行為上是單面向的生活方式；意味著技術失去了其「中立性」（neutrality），技術理性變成了政治理性。這是種單面向的思想、單面向的人、單面向的社會。人們耽於富裕，受制於「虛假的需求」（false needs），人們沒有了否定與批判的能力，失去了自由。

 第四節　帕森斯

　　帕森斯（Talcott Parsons, 1902-1979）是美國著名社會學家，結構功能主義、社會行動論學派的奠基人。帕森斯的主要代表作有《社會行動的結構》（*The Structure of Social Action*）、《關於行動的一般理論》（*Toward a General Theory of Action*）、《社會系統》（*The Social System*）、《家庭、社會化與互動過程》（*Family, Socialization and Interation Process*）、《經濟與社會》（*Economy and Society*）、《社會體系與行動理論之演化》（*Social System and the Evolution of Action Theory*）等。帕森斯社會學理論的中心是對結構功能的分析，基本原理是：社會是趨向「價值一致」的系統，社會的各個結構都具有一定的功能；事實上，社會就是社會結構以及這些結構的功能的相互作用的總和。

　　帕森斯認為，任何生命系統（包括：社會系統）要得以生存，必須具備某些基本功能並滿足某些必要條件。一方面是處理系統內部狀態和對付系統外環境，另一方面是追求目標和選擇手段。於是，他由這兩分法進而推論出行動系統的四個基本功能條件。其中外部的功能為適應性功能及目標實現功能，而內部的功能為整合功能及模式維持功能。

　　帕森斯融合進化論來解釋長期的社會發展與變遷。他指出歷史發展是一種進化的過程，人類社會的進化是「適應能力」（adaptability）的增強。所謂「適應能力」乃指一個社會克服環境的種種困難而達到各種目標的能力。舉例來說，一個能控制傳染病散布的社會比一個無控制能力的社會的「適應能力」高；同樣地，一個工藝技術高的社會比一個初民社會的「適應能力」高。簡言之，適應能力係指人類改變自然環境而為人類所利用的能力。

表6-2 帕森斯行動系統的基本功能

	類別	內涵
外部功能	適應性功能（adaptation）	即系統必須具有適應環境和從環境裡獲得資源的能力，並分配給系統內部各部分，以便能生存於所處環境之中。
	目標實現功能（goal attainment）	即系統必須能夠調集資源以便實現系統的目的，並且確定一組目的的先後次序。
內部功能	整合功能（integration）	即系統必須能夠協調系統內部各部分之間的關係，以便維持一定的和諧。
	模式維持功能（latency pattern maintenance）	即行為有機系統（即生物體）、人格系統、社會系統、文化系統。在社會系統中也必須具備四項功能，即經濟體、政治體、社會體和文化傳統集合體。

資料來源：作者整理。

 ## 第五節　布勞

　　布勞（Peter Blau, l918-2002）是美國著名社會學家，《交換與權力》（*Exchange and Power*）是其重要的專論。布勞強調社會交換論，認為人與人之間的交往是物質與非物質商品的交換。布勞把社會交換與經濟交換區別開來，他認為社會交換比經濟交換更人格化。布勞指出了個人與社會之間的交換關係，力求從個人之間的交往中，找出支配社會和社會關係的複雜結構。他創立了一種交換理論（exchange theory），「社會交換」是社會生活的中心原則，即使像愛情和友誼這樣的關係，也可以被分析為交換關係。簡單社會中的物物交換制度，具體而微地反映出社會交換的根本原則，例如互惠創造了地位相等的人們之間的社會聯繫，不互惠則造成了身分的差別。為了避免一再重複使用社會交換這個概念，布勞把它限於這樣一些行動：即視他人做出回報反應而定，如果沒有回報反應，這些行動就會終止。

　　布勞認為：「社會交換是指個人為了獲取報償，而又真正得到報

償的自願性行為。」社會交換行為與經濟行為是有差異的，因為社會交換過程中所預期的報償是模糊的義務行為，而經濟交換是建立在雙方的約定上。無論是口頭上或文字記載，所有用以交換的物品在雙方交換時就已講清楚。但是在社會交換時，當一個人幫了另一個人的忙，卻不可能講明希望另一個人在將來報償或用什麼報償，將來的回報是對方的義務，盡不盡義務是對方的事。因此，布勞認為社會交換過程需要某種程度的信任。此外，交換者之間的關係程度，交換過程中得與失的成分，交換當時的社會背景，都可能影響交換過程。布勞認為，每個人在交換過程中，總是盡可能付出最小的代價以換取最高的利潤。

布勞的社會交換理論把報償分為兩類：即內在報償和外在報償。內在報償對交換雙方可能是沒有實用價值，也沒有得與失的問題。也就是說，交換雙方是為交換而交換，任何一方都沒有得到什麼或丟掉什麼，所換來的可能只是一種兩情相悅的關係而已。外在報償則是指交換一方是得，另一方是失，價值觀念在這種關係中相當重要，因為交換雙方都是為了獲取某種報償而交換的。布勞認為大部分的日常交換行為，都是這種外在報償。雙方行為的交換既然常是為了外在報償，則當某一方給予對方某種東西時，他自然期望對方回報給他同等值的報償。如果對方無能力回報，則給予的一方常能以權力來支配未回報的一方。但是，如果沒有回報的原因，是不願意做而不是無能為力，則給予的一方就很可能撤出交換的過程。

 ## 第六節　丹尼・貝爾

美籍社會學者丹尼・貝爾（Daniel Bell, 1919-2011）最著名的論著是《後工業社會的來臨》（*The Coming of Post-Industrial Society*），他提出現代社會已變成以知識為基礎的資訊社會（information

societies），在這樣的社會裡，科學和技術以及專業和技術工作已是主要的了。現代社會是三個相互競爭的「軸心原則」（axial principles），這三個原則是：(1)技術—經濟的效率；(2)普遍的公民權利義務、政治平等和享受社會福利的權利；(3)個人的自我表現和享樂主義的滿足，揭開了人們對於後工業社會變遷的關注。後工業社會涵蓋了五個重要面向（dimensions），如**表6-3**所示。

表6-3　後工業社會涵蓋的五個重要面向

項目	內涵
經濟部分	從財貨生產的經濟轉變到服務業經濟。
職業分配	專業與技術層級的優越性。
軸心原則	理論性知識的開拓，是社會創新與政策構成的泉源。
未來取向	對技術與技術評估的控制。
決策構定	一個新智識技術（intellectual technology）的產生。

資料來源：作者整理。

更進一步的，貝爾又找出論斷後工業社會出現的四個趨勢：

1.經濟發展的中心在勞務的提供而非財貨的生產。

2.基於知識和以有專家技術等科學人員為主的新階級出現。

3.私人股份有限公司臣屬於社會責任的標準下。

4.理論性知識的重要性漸增。

簡言之，貝爾的後工業社會有下列三個主要特徵：

1.大部分的勞力不在工業部門而在服務部門。

2.在人力上，專業和技術階級漸成為最大的新興階級。

3.最基本的，社會未來的創新來源將愈依賴理論性知識。

其中理論性知識是為新社會的軸心原則，就此科學家、數學家、經濟學家、工程師成了關鍵性社會團體。當然地，大學、研究組織成了後

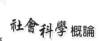

工業社會的軸心結構。

貝爾為了分析上的方便，將社會分成社會結構、政制（polity）和文化三個部分，每個部分都受不同的軸心原則所支配。例如近代西方社會在社會結構的軸心原則為經濟化（economizing），而政制則為參與，文化則為自我滿足與自我實現。

第七節　約翰‧羅爾斯

約翰‧羅爾斯（John Rawls, 1921-2002）於一九七一年出版的《正義論》（*A Theory of Justice*），是結合有關哲學、倫理學、政治學、經濟學等主要社科領域的專著，論述有關社會正義、公平分配、政治自由、政府中立等問題的探討，這本博大精深的著作，激起巨大回響。其主要的內容強調：

一、社會只有處於集體的無知才能公平

在現代社會裡，任何一個關於人的本質或人生價值的全面性理論，不管它是宗教的、道德的，還是哲學的，都不大可能獲得社會所有成員的一致認同。因此，現代社會的正義觀念，不能像古典理論家那樣，以一套特殊的人生觀、價值觀作為預設前提。這樣一種不預設人生目的和價值觀的正義理論，以什麼為基礎呢？羅爾斯說，公平是正義的基礎，正義不外乎公平。那麼，什麼才是公平呢？《正義論》中強調是理性的個人，在擺脫自身種種偏見之後，大家一致同意的社會契約，就是公平。公平就是沒有偏見。什麼才能「擺脫自身種種偏見」呢？羅爾斯認為是：「無知才能公平」。沒有偏見就是無知，也就是不知道自己是什麼人。當一個人不知道自己在社會中的地位，不知道自己屬於哪個階

層，不知道自己的天賦和才能，甚至不知道自己喜歡什麼追求什麼的時候，他的決策就是毫無偏見的。

二、人生就是一場抉擇

羅爾斯的正義理論，意在說明多元社會的公共規則，說明那些據以規範社會基本結構、分配社會基本權利和義務的指導原則。公平的社會契約必須是價值觀中立的。怎樣做到價值觀中立呢？羅爾斯提出社會基本品格（primary goods），所謂社會基本品格，指的是人們無論追求什麼樣的人生價值或人生目的，都不可或缺的基本手段。社會基本品格包括基本自由、機會和權力、收入和財富，以及自尊等。一個正義的社會，必定是一個使社會中處於最不利地位的人多得好處、較少受損的社會，此即照顧弱者原則。在此基礎上，羅爾斯的正義原則如下：第一原則：每個人都擁有享受彼此相容的最大限度自由的平等權利；第二原則：權力和地位在機會均等基礎上對每個人開放。

三、作為公平的正義原則

羅爾斯的理論，也可以說反映了現代西方社會裡政治事務日益世俗化的現實，政治過程逐步擺脫了宗教、道德、精神信仰等的支配，開始尋求建立自身的目標與規範。多元社會要求政府嚴格按照公正規則與程序辦事，政府必須嚴守中立。政治自由主義的目標，就是以最低限度的道德觀念，來界定政府的角色，使自由主義的社會，能夠包容多種不同的價值理想和多樣化的生活型態。公民在一個自由社會中，從權威的道德（the morality of authority），發展成結社的道德（the morality of association），最後形成以最高正義為原則的道德（the morality of principles）。公民對最高正義原則有了深刻理解，知道它所保障的價值

有利於每一個人，就會自覺服從維護它。換言之，正義的社會必定喚起公民的正義感，提升每個人的價值。

 ## 第八節　托夫勒

托夫勒（Alvin Toffler, 1928-2016）爲美國當代著名未來學家、社會學家。他於一九六五年提出「未來衝擊」的概念，並於一九七〇年出版《未來的衝擊》（*Future Shock*）一書，該書和後來出版的《第三波》（*The Third Ware*）、《權力的轉移》（*Power Shift*）共同構成「第三次浪潮」理論的著名三部曲。

在《未來的衝擊》一書中，托夫勒認爲社會變革呈現出加速前進的狀態。社會的迅猛變化使人們無法適應環境，因而使人類面臨著未來的巨大衝擊。爲禁得起這樣的衝擊，能走在未來的前面，人們必須從心理和生理教育、科學研究和訓練等方面提前做好準備，只有這樣，人們才不至於在未來社會的衝擊下崩潰。

《第三波》的主要觀點是以科學技術的發展爲核心來考察人類社會，把社會的發展分成三次浪潮文明。第一次，是農業興起而形成農業社會和農業文明；第二次，爲十八世紀中葉的工業革命；第三次，是新的科學技術革命。從一九六〇年代起，人類已經進入第三次文明浪潮時期，人類社會將由工業社會進到資訊社會，整個社會將變成以「電子工業爲主的社會」。隨著資訊技術的發展，兩者都將被第三次浪潮所代替。科學技術尤其是資訊技術革命，帶給人類社會生產和生活巨大的影響，對於世界科學技術革命必然促使生產力巨大發展，進而引起經濟領域的組織結構、產業結構、產品結構和工業結構重大變革的論述，對人們提出了新的挑戰，具有一定的積極意義。這個時代乃是「變遷的加速度」，而這種加速的推進力在個人、心理及社會方面卻帶來巨大

的影響，導致社會的劇變；一時性（transience）的訊息不斷侵擾人類的感覺；新奇性（novelty）的事態不斷地壓迫人類的認知能力；多樣性（diversity）的選擇也不斷地攪亂人類的判斷能力，人類似乎無法很快地適應這種變遷。

托夫勒說過：「我們在創造一個新的社會，不是改變一個社會，也不是我們目前這個社會的擴大或翻版，這確確實實是一個嶄新的社會。」總之，我們身處於後工業革命之中，然而後工業社會是一種什麼樣的社會？簡單地說，就是經濟的發展上，已擺脫農業和工業的枷鎖，進入服務業經濟的一個新社會，其中知識成了變遷加速的最重要燃料，社會中的一時性、新奇性、多樣性的生活，使得大家茫然所措。解決之道在人們應有「未來意識」來應付未來的挑戰。這個時代的特點是不斷要求變革，而且要適應變革的要求，現實有時就像一個失去控制的萬花筒；另一方面，加速的變化不僅僅衝擊了工業國家，而且成了一股強勁的力量，深入到我們個人生活內部，逼迫我們扮演新的角色，使我們像患了精神病似的極度不安，托夫勒將這種新的病症叫作「未來衝擊」（future shock）。

 ## 第九節　哈伯瑪斯

哈伯瑪斯（Jürgen Habermas, 1929-　）是德國社會學家，法蘭克福學派（Frankfurt school of critical theory）主要代表人物之一，主要著作有《通向理性社會》（*Toward a Rational Society*）、《溝通與社會演化》（*Communication and the Evolution Society*）、《溝通能力理論》（*The Theory of Communitive Action*）、《社會的結構變化》（*The Structural Transformatioon of the Public Sphere*）、《理論與實踐論文集》（*Theory and Practice*）、《作爲意識型態的技術和科學》（*Technology*

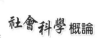

and Scievce as Ideology）、《知識與利益》（Knowledge and Human Interests）、《論重建歷史唯物主義》（Reconstruction of Historical Materialism）等。哈伯瑪斯主張把各門社會科學與哲學結合起來，鼓吹創立哲學、社會科學一體化的「科學」。在社會結構方面，他認爲「經濟基礎」範疇只適用於早期資本主義社會，試圖重建一種當代的「馬克思主義人類學」而取代階級論；同時試圖建立一種包羅各種人文科學在內的批判的辯證認識論。哈伯瑪斯強調：(1)對適合於社會科學的非實證論、認識論的辯論；(2)對資本主義和社會主義社會的支配結構和文化構成的說明；(3)融合馬克思和弗洛伊德的思想，以重新研究馬克思年輕時的哲學思想。

哈伯瑪斯將社會建構（social formations）分成下列幾個階段：「原始社會→傳統文明社會→現代文明社會→資本主義社會→自由資本主義社會→計畫式資本主義社會→後資本主義社會→後現代社會」，其中的原始社會與馬克思的部落社會相比；傳統社會包括古代帝國社會和封建社會；自由的資本主義社會指的是馬克思所知的十九世紀資本制度；而我們這個世代的西方社會就是計畫的資本主義社會最好的例子；哈伯瑪斯就政治精英對生產工具之處理方式，將國家社會主義之社會 （state-socialist society）歸類爲後資本主義社會。而後資本主義社會有兩個主要之特徵：(1)爲了保護經濟體系的安全與穩定，政府開始干預市場的運作；(2)科學研究與工業技術密切配合，使科學成爲最重要的生產力。

他認爲現代社會最重要的問題並不是階級的問題，而是工具理性（instrumental rationality）膨脹所造成的意識僵化。也因爲工具理性的講求，才形成了所謂的技術專家政治（technocracy）。於是民主制度變成了有效率的科學組織，人民成了只要效忠，不必參與，任憑專家安排的可憐蟲。

哈伯瑪斯在《正當化危機》（Legitimation Crisis）一書中，將注意力集中於研究發達的資本主義社會中的危機傾向。他描述這些社會的特

徵是持續的經濟和階級矛盾；行政決策的更加政治化，這是由於經濟矛盾需要不斷加強國家干預的結果；而這些政治干預造成新的矛盾。《正當化危機》的一個顯著趨向出現在下列情況下：以前的正當性基礎沒有被更新，同時新的社會取向（如：新的福利專業主義）開始作為資本主義內部的「外來體制」發生作用時，遂產生了更批判性的政治文化，潛在地威脅著資本主義。哈伯瑪斯承認資本主義社會中，這種導致危機的趨向是能得到成功控制的，而且沒有人敢說資本主義將會被取代。儘管如此，他仍堅持認為一旦批判性理論的程序開始作用，資本主義社會中的經濟與階級矛盾和理性扭曲的現象就會明顯地浮現出來。

 ## 第十節　吉登斯

　　安東尼‧吉登斯（Anthony Giddens, 1938- ）是英國當代著名社會學家，在一九九○年所著的《現代性之後果》（*The Consequences of Modernity*）中，吉登斯嘗試利用其「結構性理論」的部分核心論點，探討了現代人當前面對的是一個怎麼樣的世界，以及在這種情況下所感受到的困惑和可見的出路。他認為現代社會走向後現代化局面的形成，是空間的宏觀社會制度構成以及微觀個人行為演變互動的結果。

　　所謂「現代性」，吉登斯指的是十七世紀以來出現於歐洲的社會生活方式與組織方式，其影響隨之向世界各地蔓延，在世界範圍內產生了巨大的波瀾。在吉登斯看來，現代性的第一個特徵是它使大多數人都陷入了大量沒有完全理解的事件之中，其中大部分似乎都在我們的控制之下。他說，為了分析這種狀況是怎樣形成的，僅僅發明一些像後現代這樣的新概念是不夠的。他認為我們應該重新審視現代性本身的特質。吉登斯認為現代性的出現並非像許多社會理論所解釋的那樣，是歷史隨著某一既定的發展線索內部自身演進的結果；相反地，非延續性或者說斷

裂是現代性的基本特徵。現代性帶來的生活型態以前所未有的方式,把我們拋離了所有可知的社會秩序的軌道。

吉登斯認為,制度性轉變是由資本主義、工業主義、監視及軍備力量等四個不同層面所構成。

1. 資本主義是以商品生產為主導,並以資本家與無產階級工人之間的關係所構成的一個以階級制度為軸心的體系。
2. 工業主義是指一種利用非生命性的物資力量去生產商品,並在生產過程中配合機械的生產方式去運作的型態。
3. 監視能力是指對其管治範圍下的人口之活動的監察。此種監察可以是直接或間接的,但最常見的是以資訊管制方式的間接性監視。此種監視能力若能成功發展,便能引出第四個現代國家的獨特性。
4. 軍備力量之專利化下所容許的行使暴力的專利權。軍備力量和工業發展所帶來的可怕後果是「戰爭工業化」。

這四種制度化的層面,不但把現代社會的性質及規模與傳統的分開,更由於其發展動力所催生而促成了「全球化」現象的出現。「全球化」是指一個把世界性的社會關係強化的過程,並透過此過程而把原本彼此遠離的地方連接起來,使地區與地區之間所發生的事也互為影響。這四個現代性的層面在全球化趨勢的驅使下,跨越了地域的限制,變成了四個全球性的發展向度,分別是「世界資本主義經濟體系」、「國際性勞工分工」、「民族國家制度」及「世界軍事秩序」。發展到今天,資本主義國家已成為世界經濟體系的主要權力中心。商業機構,特別是跨國企業,可以支配巨大的經濟力量,並有左右本地政治的能力。至於工業發展的全球化向度,便是全球的勞工分工的明顯化;其中所牽涉的轉變,便是已發展地區的非工業化及在第三世界出現的新興工業國家。

面對全球化的時代場景,吉登斯勾畫了四種個人的適應行動,如**表6-4**所示。

表6-4　吉登斯分析個人的適應行動

項目	內涵
現實認同型	當現實中大部分事物皆在人的控制範圍以外，暫時性的獲得便可能是個人所能計畫及盼望的。
持續樂觀型	這是對人性樂觀的想法，蘊含一種直覺地相信人類終歸會化解任何危機的態度。
悲觀嘲弄型	那些對於高代價的危機十分恐懼的人，他們在沒法忘卻這些危機所帶來的心理惶恐的情形下，使用一種嘲諷的或厭倦世界的形式去發洩他們的憂慮感。
積極參與型	這是對現狀做出實際評估後，對要面對的危機做出直接回應的人。

資料來源：作者整理。

　　吉登斯認為面對各種制度性轉變因全球性導向而急遽化的局面，只有社會運動才能為人們提供一條可能的出路。

　　誠如涂爾幹把社會現象當作社會的事實來看待，認為必須把它當作具體的事物加以考察。對於社會事實的理解，必須去除主觀的先入為主，而以客觀的自然科學方法來加以處理，以瞭解社會事實相互之間的因果關係，以進一步尋找出社會的法則。涂爾幹希望以「社會事實」為社會學的基本概念，以期與心理學（重個體）、哲學（重意識）加以分別，建立社會學的領域。社會事實的特徵是具有強制性，是外在的，是可驗證、可測量的，並非個人所獨有，起於社會組織的需求，經由對社會事實的探索以瞭解社會之發展與變遷。社會事實可分為二部分，一是物質的，是具體、可觀察的；另一是非物質的，必須是以間接的方法來探索、體察。這些思維不僅影響到社會學的建構，也影響到社會科學的形塑。

問題與討論

一、請說明葛蘭西對社會科學的基本觀點。

二、請說明馬歇爾對社會科學的基本觀點。

三、請說明馬庫色對社會科學的基本觀點。

四、請說明帕森斯對社會科學的基本觀點。

五、請說明布勞對社會科學的基本觀點。

六、請說明丹尼·貝爾對社會科學的基本觀點。

七、請說明約翰·羅爾斯對社會科學的基本觀點。

八、請說明托夫勒對社會科學的基本觀點。

九、請說明哈伯瑪斯對社會科學的基本觀點。

十、請說明吉登斯對社會科學的基本觀點。

Chapter 7

心理學概要

社會科學概論

心理學（psychology）原名出自於希臘文psyche和logos，前者是指心或精神，後者是指研究或科學。源自德國心理學家馮特於一八九七年創設心理學實驗室。時至今日，心理學已被公認為是一門研究個體行為的科學，以客觀的方式敘述人類行為，並進行實驗或其他可量化的研究方法，來尋求一個具體的結果。心理學所應用的範圍極廣，例如工業心理學，探討如何使得人類能獲得較佳的工作環境，例如工作環境的色彩、品質等，這些可以充分說明心理學對其他學科具有直接或間接的影響，所以說心理學是經緯萬端，具有舉足輕重的學科之一。該學問強調自微視的觀點以探求個體的諸多現象，為社會科學中重要的領域。

 第一節　心理與心理過程

行為是指人類與其他動物的動作、行動方式，以及對環境與其他生物體或物體的反應。在人類或其他群居動物的社會裡，有一些行為是不被接受的。對動物而言，行為可以是有意識或無意識的，可以是自願也可以是非自願的，而且是受到內分泌系統與神經系統的控制。心理是指個體感覺、知覺、記憶、思維、情感、能力、性格等的總稱。人的心理，就其內容來說，是人腦對客觀現實的反應。就其產生的方式來說，是客觀事物作用於人所引起的人的神經活動，是人腦的反射活動。這種反射活動有三個主要環節，如**表7-1**所示。

表7-1　人腦的反射活動的三個主要環節

項目	內涵
感官環節	外界刺激作用於感覺器官，在感覺器官中引起神經衝動，由傳導神經向腦中樞輸入資訊。
傳導環節	腦中樞將感覺訊息進行加工、儲存，這一神經過程表現為主觀上的心理現象。
反應環節	從腦中樞沿傳導神經將訊息傳至反應器官，引起反應器官的活動，如動作、語言等。

資料來源：作者整理。

　　人的心理活動的基本形式，可以把它分為認識、情感和意志等三個過程。認識過程是人腦對客觀事物的現象和本質的反映過程，包括感覺、知覺、記憶、思維、想像等形式。認識過程是從感覺開始的，感覺是人對客觀事物個別屬性的反映。對客觀事物整體的認識，就是知覺。人對於感知過的事物能夠認出或回憶起來，這就是記憶。人利用已有的感知和記憶的材料，進行分析、綜合、抽象、概括等思考活動，揭露事物的本質和規律，就是思維。想像是思維的一種特殊形式，即對感知和記憶材料加以改造後所形成的一種新的形象。人們在認識客觀事物的過程中，總要對它採取一定的態度，產生某種主觀體驗，例如喜、怒、哀、樂、愛、憎、惡、懼等，這種對於所認識的事物的態度的主觀體驗過程就是情感過程。人們在實現某種目的的活動中，制定計畫，採取措施，克服困難，達到目的的心理過程就是意志過程。人們認識客觀事物的過程往往是先有籠統的印象，再進行精確的分析，然後運用自己的知識和經驗，綜合地去加以理解和判斷。因此，人們對事物的認識過程，就是人們對客觀事物的各種不同感覺和綜合的反應過程。這個過程主要是經由人的感覺、知覺、記憶、思維等心理活動來完成，其中感覺、知覺、記憶、思維等諸要素的協同互補，構成整個活動的內在動力系統。

第二節　心理學的主要學派

　　近代心理學的發展，是將心理學當作一門獨立的科學進行研究探討，依其主要分支可分為下列幾個學派：

一、結構論

　　科學心理學源自德國人馮特的實驗工作。他採用系統的科學方法，

研究人類心的結構,他認為人的意識內容是由很多不同的元素構成。在實驗研究時,實驗者操弄刺激使之出現有系統的變化,讓受試者憑自己的主觀判斷做出反應或說出感受,此種方法稱為內省法。

馮特的學生鐵欽納(E. B. Titchener)進而分析意識的內在元素,包括:知覺之元素,為感覺性的;觀念之元素,為想像性的;情緒之元素,為情感性的。心理學研究的目的,即在經由內省而瞭解不同刺激情境下各種元素結構的情形。

二、功能論

係由美國心理學家詹姆斯(W. James)與杜威(J. Deway)所創。主張心理學的目的,應是研究個體適應環境時的心理或意識的功能。他們認為個體在環境中能夠適應生存,是依其心理活動產生的功能,而不僅為「心之結構」探討的結果。心理學之研究對象不只限於成人,而應擴大到兒童與動物。研究方法除了實驗外,應兼採觀察、測驗以及問卷調查等方法。

三、行為論

行為論又稱「行為學派」,是由美國心理學家華森(J. Watson)所創。其重要主張有四:

1.科學心理學研究的題材,是能夠由別人客觀觀察和測量的外顯行為。
2.個體反應構成行為的基礎,集中多個反應即可推知整體的行為。
3.個體行為是受環境因素影響,被動學習的;而非與生俱來或遺傳的決定。

4.經由對兒童或動物實驗研究所得行為的原理原則，可推論解釋到一般人的同類行為。

其主要貢獻為確定科學心理學研究的題材為外顯行為，並發展嚴謹的實驗方法，使心理學在研究上提高了方法與工具的品質。

四、完形心理學

由德國心理學家魏德邁（M. Wertheimer）所創，主要研究知覺與意識，目的在探究知覺意識的心理組織歷程。強調引起知覺的外在刺激可能是零散的，但我們所得知覺經驗是有組織的。所謂部分之和不等於整體，這是由於集知覺成意識時，多了一層心理組織。完形心理學的研究，為後來認知心理學的發展奠下基礎。

五、精神分析論

精神分析論又稱「精神分析學派」，是由奧國精神醫學家弗洛伊德所創。理論內容極為複雜，其對人格的論點，影響後世極大，說明如**表7-2**。

表7-2　精神分析論對人格的論點

項目	內涵
人格動力觀	弗洛伊德以潛意識、欲力、生之本能、死之本能等觀念，解釋人類行為的內在動力。
人格發展觀	以口腔期、肛門期、性器期、潛伏期、性徵期以及認同、戀母情結等觀念，解釋個體心理發展的歷程，認為如果前面的階段沒有發展好，會因固著或退化的作用，使後面階段的發展產生障礙。
人格結構觀	主張人格有本我、自我、超我三部分，並以衝突、焦慮及各種防衛作用等解釋這三部分之間相互抗衡的複雜關係。

資料來源：作者整理。

本理論主要貢獻是發現潛意識的存在，強調童年經驗的重要，對精神醫學、變態心理學、人格心理學、發展心理學均有重大影響。

六、認知心理學

認知係指個體對事物知曉的歷程，包括對事物的注意、辨別、理解、思考等複雜的心理活動。認知心理學，廣義言之，指以記憶、理解、想像、思考等心理歷程為研究題材者；狹義言之，指以訊息處理為主題的心理學研究，解釋個體由感官器官接收訊息、貯存訊息以及運用訊息的歷程。

七、神經心理學

是現代心理學研究大腦神經生理功能與個體行為之關係的一個新方向。旨在瞭解大腦各部位功能，在個體表現某種行為或心理活動時所發生的變化。經由直接觀察在各種狀態下，大腦各部位的活動情形，可推論解釋大腦的分區專司功能。由此資料，也可作為對行為異常者診斷治療之根據。

八、人本心理學

人本心理學又稱「人文主義心理學派」，主要是由馬斯洛（A. H. Maslow）與羅吉斯（C. R. Rogers）二人所創。強調人有自我導向、自我抉擇的潛力，主張以人的需要出發去研究人性，重視「自我觀念」，認為人性本善並蘊含無限潛力；而且不只瞭解人性本質，更進一步主張改善環境，利於人性充分發展，以達自我實現的境界。所謂自我實現是指個人瞭解與接受自己的性向、潛能與稟賦，並進而發展和表現的心理

歷程。該學派的主要貢獻為：人本心理學重視整個人的研究，使心理學研究範圍擴大到健康、正常人的行為。而注重「健全人格」的研究，可促使自我潛能的實現。

 ## 第三節　心理學的研究單元

在科技日新月異的時代，人的「去脈絡化」（de-contextualization）嚴重性日甚一日，人的孤獨感與日俱增，人不僅從與自然及超自然親切互動的脈絡中逸脫而出，甚至與「自我」也處於疏離的狀態。心理學是一們研究人外顯行為的科學，其研究單元包括：

一、感覺

感覺是客觀事物直接作用於人的感覺器官時，在人的大腦中所產生對此事物的個別性反映。外界的任何事物都有著許多個別屬性。一個蘋果有許多屬性，如顏色、氣味、味道等，其中任何一個屬性刺激人的感覺器官，都會產生一種神經衝動，神經衝動傳入神經中樞的相應部分而引起感覺。由此可見，感覺是一個過程，它主要包括三個主要環節，分別是「感覺器官→傳導系統→反應器官」。感覺是人對客觀事物的主觀反映，它從內容上說是客觀的，從形式上說是主觀的。不同的客體對於主體的刺激所引起的感覺是不同的，同時也不是所有的刺激都引起主體的反映；只有在一定的適宜強度和範圍內，才能產生感覺，這就是所謂的感覺閾限和感受性的問題。心理學上把持續了一定時間的，能引起感覺內的刺激量叫作感覺閾限，並用此來衡量感受性即刺激感覺能力的大小。那種剛能引起感覺器官最小刺激的稱之為絕對感受閾限，感受閾限的高低表明了感覺器官對事物屬性的感受能力，也即感受性。人的感

受性會隨著同一刺激物持續作用於感覺器官的時間長短發生變化，隨著這種作用的持續時間逐漸加大，感覺就開始適應，這叫感覺的適應。例如，人剛走到魚攤前，開始感到腥味撲鼻，久而嗅覺感受性下降，覺得魚腥氣少了，此所謂「入鮑魚之肆，久而不聞其臭」。

二、知覺

　　知覺是人腦對直接作用於感覺器官的客觀事物的整體反映。人在與周圍世界的直接接觸中，不僅透過感覺來認識周圍世界，而且透過知覺來獲得關於周圍世界的認識。例如，一個蘋果就由一定的顏色、氣味、大小、輕重等屬性所組成，這些個別屬性相互綜合反映於頭腦中，就形成了蘋果這個具體形象，這種關於客觀事物的外部整體性的形象反映就是知覺。從知覺的定義和上述例子可以看出知覺有共同之處：它們都是客觀事物直接作用於感覺器官在人頭腦中產生的反映，一旦客觀事物從我們的感覺器官所及的範圍消失後，感覺和知覺也就隨之而消失。當然知覺和感覺也有區別，其區別在於，知覺不是對外界事物個別屬性的反映，而是對事物各種屬性的相互聯繫的反映，這種相互聯繫的反映不是簡單的感覺的總和，而是對事物完整的印象。另外，知覺和感覺還有一個重要的區別是，它們之間既有量的差別，也有質的不同。知覺作為整體的反映，包含一定的含義；感覺則不然。因此，知覺和感覺相比，較複雜和深入了一步；知覺與理解是緊密相連的。人對知覺的客觀事物理解愈深，則知覺愈真實。知覺的理解性是借助於過去的知識經驗對當前事物的理解，從而使人在知覺事物時能夠比較迅速、細緻而且全面。知覺與客觀事物應該是一致的。但是在實際生活中，它們往往有不同之處，同樣地事對不同的人往往會產生不同的知覺，這是因為人的知覺的產生與各個人的經驗、知識、價值觀和需要等有著密切的關係。

三、記憶

　　人把過去感知過、思考過的事物的印象儲存在大腦中，並在一定條件下或當這些事物重新呈現時，把它們回憶和再認出來，這個過程就是記憶。記憶作為一個心理過程，主要分為辨識、保存、提取這三個階段。辨識是大腦接受信息並進行編碼加工，從而在大腦中形成「暫時神經聯繫」的過程，它是記憶過程的基本環節。保存是把認記過程中形成的印象或信息儲藏在大腦中，即鞏固已經獲得的知識經驗的過程。提取則是回憶或識別，回憶是感知學習過的事物不在眼前時再認出來，而識別是感知或學習過的事物重新出現在眼前時能認出來。辨識、保存和提取三個階段是彼此密切關聯的。通常辨識和保存是提取的基礎，而提取則是辨識和保存的結果。如果在辨識時沒有對材料進行適當編碼就不能保存，提取時就會發生困難。記憶作為人的基本心理活動過程，對確保人正常的生活和學習具有極其重要的作用，它使人積累經驗，擴展學習新的知識以適應不斷變化的環境。人的一切心理活動都需記憶參加，如果沒有對事物個別屬性的記憶，就不可能產生感覺印象；沒有對事物整體的辨識，就不可能產生對事物的知覺；沒有對事物之間相互聯繫及其規律的記憶，就不可能思維；沒有對以往知識經驗的記憶，人的情感過程和意志過程也就無法實現。

四、思維

　　思維是對客觀現實間接的和概括的反映。間接性和概括性是人的思維過程的重要特徵。所謂間接性，指的是通過其他媒介（主要是我們已有的知識經驗）來認識客觀事物。例如，天正在下雨，我們看見這種情況，這是對現實的直接反映。但是，如果早上起來推開窗戶，看見屋

頂濕了，便推想到 「夜裡下過雨了」。夜裡下雨，我們並沒有直接看
到，沒有直接感知到，而是通過屋頂濕了這個媒介，用間接方法推出
的，這是間接的反映。所謂概括性是指所概括的是同一類事物的共同特
徵、本質特徵或事物間規律性的聯繫，而不像感覺和知覺那樣，只是對
個別事物的反映。例如，把牛、羊、貓、狗等這一類動物概括起來叫家
畜，把香蕉、柑橘、蘋果、梨等這一類東西概括起來叫水果等。或者把
多次感知到的事物之間的聯繫加以概括，得出有關事物之間的內在聯繫
的結論。例如，每次看到「月暈」就要「刮風」；地磚 「潮濕」就要
「下雨」，從而得出「月暈而風」、「磚濕而雨」 的結論。 雖然思維
是間接的、概括的、超出感知範圍之外的反映，仍然和感性認知密切聯
繫著，因為思維是在感性材料的基礎上產生的，感性認知是思維活動的
源泉和依據，思維無論多麼抽象，還是會對個別事物多次感知，從對事
物的多次感知中概括出它們的本質和規律。分析、綜合、比較、抽象、
概括、具體化是思維過程的各個階段，這些階段在整個思維過程中是緊
密聯繫不可分割的。只有經過分析和綜合，才能在我們的思想上，將客
觀事物的某些特徵、特性、特點方面與有關事物的聯繫加以比較，並在
這個基礎上抽取事物的共同本質特性，進行概括，形成概念，並在運用
概念過程中加深對概念的理解。人對客觀事物的認識，就是依照這樣一
個次序，由簡單到複雜，由低級到高級發展的。

五、情感

人們對外界事物所抱的肯定或否定態度的反映形式，即稱情感。
情感包括愉快、憎惡、熱愛、仇恨等。人的情感是一種比較高級、複雜
的情緒，它與人的社會需要相聯繫。當客觀事物能夠滿足人的社會需要
時，就引起人的積極、肯定的情感；相反的，就會引起消極、否定的情
感。情感可以分為道德感、理智感和美感等三種。情感與情緒是有區別
的兩個概念：(1)情緒是指那些與某種機體是否得到滿足相聯繫的體驗，

凡是初級的、最簡單的態度體驗都屬於情緒；情感則是指在人類發展過程中產生的與社會相聯繫的體驗；(2)情緒是帶有情境性的；情感則是既具有情境性，又具有穩定性與長期性；(3)一般情況下，情緒在強度上比情感要強一些，而且常常伴隨機體生理上的變化，情感有時則不太明顯。情感與情緒的區別只是相對的，在現實生活中，很難對二者進行嚴格的區分。感覺、知覺、記憶和思維等是人對客觀事物的反映，而情緒和情感則是人對反映的對象的態度，這類態度總是以帶有某些特殊體驗的形式表現出來。例如，遭遇危急時可能引起震驚和恐懼。由於人對客觀事物所持的態度不同，而產生了不同性質的內心體驗，當人們對客觀事物抱持肯定態度時，就會體驗到愛慕、滿意、愉快、尊敬等。採取否定態度時，就會體驗到憎恨、恐懼、憤怒、悲傷等。無論對客觀事物抱持什麼態度，都是人們自身能體驗到的。

六、情緒

情緒是情感在實踐活動不同程度的表現，根據情緒發生的強度和持續性，可把情緒分為三類，如**表7-3**所示。

表7-3 情緒區分簡表

項目	內涵
心境	心境是一種使人的一切體驗和活動都染上情緒色彩的，比較輕微而持久的情緒狀態。這種情緒狀態一般是擴散性的，而不是針對某一事物的特定體驗。當人們處於某種心境時，往往會以特定的情緒看待周遭事物，從而影響人的行為表現。
激情	激情是一種迅猛爆發、激動而短暫的情緒狀態，如暴怒時暴跳如雷；恐懼時渾身顫抖，面如土色；狂喜時，手舞足蹈，放聲大笑等。它通常是由對一個人生活中具有重大意義的事件所引起的。
激動	激動是由出於意外的緊急情況所引起的一種十分強烈的情緒狀態，它是和人的個性特徵、知識經驗和意志品質密切相關的。人的情緒和情感與人的行為密切相關。激動的情緒會使人的行為產生差錯，甚至產生異常行為。

資料來源：作者整理。

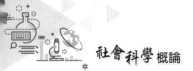

七、意志

意志是一種自覺地確定目的,並根據目的支配、調節行動,克服困難,從而實現預定目的的心理過程。意志以認識過程為前提,以情感為動力,但不同於認識和情感。意志有三個特徵:(1)具有明確的預定目的;(2)與克服困難相聯繫;(3)直接支配人的行動。意志是人類所特有的心理現象,是人的意識能動性的集中體現。意志行動是理智的行動,是嚴格地按照客觀規律所採取的行動。意志行動基本上可以分為兩個階段:第一階段,是採取決定階段,即思想上行動的階段,包括確定目的、動機期望、計畫等環節。第二階段,是執行決定階段,即由思想上的行動過渡到實際行動的階段,包括樹立心理因素等環節。意志是人腦機能系統高度整合作用的結果,保證有目的行動的實現。 堅強的意志是克服困難完成管理活動的重要條件,一般把意志特徵歸納為幾個方面,如**表7-4**所示。

表7-4 意志特徵

項目	內涵
自覺性	是指一個人有明確的目的,並能充分認識行為的意義,使自己的行為服從社會、集體利益的品質。這種品質反映著一個人堅定的立場和信仰,它是產生堅強意志的源泉。
果斷性	是指一個人善於明辨是非,不失時機採取決斷並堅持執行的品質。這種品質是以深思熟慮和大膽勇敢為前提。
自制性	自制性亦即自制力,是指一個善於控制自己的情緒,約束自己言行的品質。這種品質表現為對盲目衝動和消極情緒的高度自制力,以及善於排除身體內外的干擾,堅決執行決定的能力。
堅定性	是指一個人堅持決定,以充沛的精力和持恆的毅力,百折不撓地克服困難,實現預定目的的品質。禁得起長期的磨練,是意志的基本特徵。

資料來源:作者整理。

表7-4中的四種主要的意志品質是相互聯繫的。堅定性是自覺性、果斷性和自制性的綜合表現，缺乏自覺性的人沒有明確的行為目的，因而就無法堅持；缺乏自制力的人不能使行為的主要目的壓倒其他動機，當然也就無法堅持。總之，意志品質受思維、信念、理想的制約，並和人的認識、情感、修養等密切相關。

八、自我概念

自我概念是指人對自己的生理、心理、社會活動和整個主觀世界，以及自己和周遭事物的關係的認識。自我認知的結果體現在人的自我概念之中。心理學家們把自我分為兩個層面：一個是個體內部意識的自我（認知的主體，追求目標的自我），另一個是呈現於外部世界的自我（與他人相對的自我，社會化的自我）。自我概念是綜合現在及過去對自己所觀察而獲得的有關自己的知覺組織，是對自己的一種看法與想法。自我概念有如一幅地圖，當面臨危機狀態與選擇時，有助於瞭解自己。自我概念包括三個構成要素，即物質自我、社會自我與精神自我。這三種要素都有自我評價（即對自己滿意與否）和自我追求的行為：(1)物質自我的自我評價包括對自己身體、衣著、家族等的自豪或自卑，自我追求的目標是身體外表、欲望的滿足；(2)社會自我的評價包括對自己在社會上名譽、地位、親戚、財產的評價，自我追求的目標是引人注目、情愛、名譽等；(3)精神自我的評價包括對自己智慧能力、道德水準的優越感或自卑感，自我追求的目標包括在道德、良心、智慧方面的上進。人的自我概念通常是經由別人來認識自己、自己的活動、自我體驗等三個方面來進行。

在社會生活中，每個人都面臨著向他人呈現自我的問題。個人借助於自己的語言和行為把有關自己的情況表達和顯露出來，就是自我呈現。自我呈現的方式歸結起來有：(1)正相呈現，從正面直接把自我真

實地表現出來；(2)反相呈現，以內容和形式表面相矛盾的方式，從反面間接地表現自我；(3)放大呈現，在特定情況下，把有關自己的某些信息進行放大，以強化對他人的觀點；(4)收斂呈現，由於某種情境或心境的制約，個人不願意或不屑於表現自己，顯得很拘謹或者是很超然；(5)單面呈現，在十分單一的關係中，個人以比較單純的方式，將自我的某一面向呈現出來；(6)無意呈現，無意識地自我流露。在特定條件下，無意呈現常常是自我真實的表露。

九、學習

學習可以區分為四個不同的層次：(1)最廣義的學習是指動物和人在生活過程中，獲得個體行為經驗的過程。凡是能建立條件反射的有機體就有學習行為。(2)高一級的學習指人類的學習，是一種自覺的、積極的、主動的過程。人類的學習除了獲得個體經驗之外，還要掌握社會經驗，包括在學校中的學習和日常活動中的學習。(3)再高一級的學習指學生的學習，是在教師的指導下，有目的、有計畫、有組織、有系統地進行的，包括知識、技能的獲得與形成，以及思想認識、道德品質和行為習慣的培養與提高。(4)最狹義的學習指知識、技能的獲得與形成。

在學習過程中，學習的成果常隨練習的次數和時間的增加而變化，若將這種關係畫成曲線，即成為學習曲線。從學習曲線上通常可能發現的現象有下列幾種：(1)先慢後快，在學習或工作剛開始時呈現進步緩慢，經過一段時間後進步遞增的現象。其原因可能是：起初從事學習或工作，心理上未進入學習狀態；學習或工作內容較複雜或困難，一時還不能熟練；以前的習慣對當前的學習或工作的干擾。(2)先快後慢，有些學習或工作一開始做起來進步很快，但繼續下去時漸漸表現進步遞減現象。其原因可能是：剛開始時有較高的學習興趣和學習動機；單調而熟悉的工作，時間一久效率漸低；有些學習或工作包含有難易不同的內

容，較易的部分先被克服後剩下較難的部分，進步自然就緩慢下來。(3)高原現象，在學習一種複雜的活動時，不但在曲線上可以發現緩慢或快速進步的現象，同時也有呈現缺乏進步的現象，在學習曲線上呈水平狀態，在這一段水平狀態曲線後，又有迅速進步的表現，此段曲線所表示的學習狀況被稱為高原現象。其原因可能是：學習或工作時間太長，個體產生心理上與生理上的疲勞；學習或工作方法不當，一時無法突破困難；可能正進行潛在學習，其成果未表現於外。(4)開頭與最後衝刺，在學習一系列材料或從事一連串的工作時，曲線的開始與接近終了的部分，往往呈現良好的成績，這是由於學習開始時動機特別強烈，注意力集中，而當學習接近最後目標時，動機再度提高，特別努力所致。(5)學習極限，學習曲線若呈現平坦延伸狀況，則可能已達到學習的極限，但這種情況不太多。學習活動需要消耗個體生理上的能量，而此能量是有限度的，學習如果超出這一限度，則無進步可言。事實上，個體真正的生理限度很難達到，強烈的動機、適當的情緒、良好的身體狀況及理想的學習環境，都有助於提高生理極限。

十、態度

　　態度是指：「個體對某種對象所持的主觀評價與行為傾向。」它包括認知、情感和行為傾向（或意向）三種成分：(1)認知成分，是個體對客觀對象帶有評價意義的認識，它是情感和行為傾向的基礎；(2)情感成分，是個體對客觀對象的情感反應及體驗，如尊敬與蔑視，同情與冷漠，喜歡與厭惡等，它是態度的核心成分；(3)行為傾向成分，是個體對客觀對象的反應傾向，即行為的準備狀態。也就是說，它會影響到人將來對這個態度目標所採取的行動。人的態度通常具有幾個特性，如**表7-5**所示。

社會科學概論

表7-5　態度的特性

項目	內涵
社會性	人的態度不是天生的，而是個體在長期的生活中，經由與他人的相互作用，在社會環境的影響下形成的。
對象性	態度總是針對某一特定的對象，具有主體與客體的對應關係。
協調性	在個體對客觀事物所持的態度中，認知、情感和行為傾向三種成分往往是協調一致的。
穩定性	態度一經形成，就會持續一段時間而不輕易改變，成為個性的一個組成部分，在行為反應的模式上表現出規律性，這對個體的社會適應是有利的。
間接性	態度是個體的一種內在心理體驗，它本身不能直接被觀察到，只能從人們的言行、表情進行間接的分析和推理。
價值性	價值是態度的基礎，人們對於某個事物的態度取決於該事物對於人有哪種意義及意義的大小。

資料來源：作者整理。

　　心理學上認為，態度變化經歷三階段：(1)服從階段，是態度轉變的第一個階段，是從表面上轉變自己的看法和態度的時期。在這個階段，個人只是被迫表現出一些順從的行為，內心並非心甘情願；(2)同化階段，個人自願接受他人的觀點、信念、態度和行為，使自己的態度與他人要求相一致；(3)內化階段，個人真正從內心深處相信地接受他人的觀點，從而徹底轉變自己的態度。在這個階段，個人把新思想、新觀點納入自己的價值體系內，成為自己的態度體系中的一個有機的組成部分。

十一、興趣

　　個體積極探究某種事物或進行某種活動的傾向稱之為「興趣」。人在各種實踐活動中可能形成各種興趣；有的是由於個體對事物本身感到需要而引起的直接興趣，也有的是對事物未來的結果感到需要而產生的間接興趣；有的是產生於活動過程中而在活動結束後即消失的短暫

興趣，也有成為個人心理特徵的穩定興趣。興趣能使人積極主動、心情愉快地探究、活動，並且力求認識或趨近。人的興趣是在社會行動中產生、發展起來的，是以需要為基礎、以實踐為前提形成的。興趣的品質，從廣度看，範圍大小有差異；從順序看，在廣泛的興趣中有順序之分；從效能看，興趣對活動產生的效果不同；從持久性看，興趣有穩定與多變的差異。心理學家認為，興趣是構成人類各種群體和各種社會制度的關鍵因素。因此，可以從人的生理需要、物質需要、交往需要、審美需要以及追求理想的正義需要出發，把人類的興趣分為六種，即健康興趣、財富興趣、合群興趣、知識興趣、審美興趣、正義興趣等。

 ## 第四節　心理學的研究範疇

心理學已經是一門研究領域愈來愈寬闊的社會科學知識，不僅於理論的部分如此，應用部分亦然；茲就較為普遍的部分說明如下：

一、理論部分

(一)生理心理學

生理心理學（physiological psychology）旨在探討個體行為及心理歷程與其生理器官（或組織）功能的關係。主要研究感覺器官、神經系統（腦）、腺體（內分泌腺）等三方面的生理功能，透過生理實驗，探究個體行為（如：知覺、動作、技能、情緒、思考、學習、記憶等）變化的原則。

(二)比較心理學

比較心理學（comparative psychology）旨在觀察不同種屬的動物行為，以從事比較研究的一門心理學。探討動物行為變化的原理原則，進而有助於瞭解人類的行為。

(三)發展心理學

發展心理學（developmental psychology）旨在探討個體於各年齡階段行為變化的原理原則，以及與遺傳、環境、成熟、學習四大變項的關係；進而瞭解人類行為發展的一般模式與個別差異。

(四)學習心理學

學習心理學（psychology of learning）主要探討在不同情境下，個體經由觀察或練習，使其行為產生較為持久性改變的歷程，以建立解釋學習之所以產生的理論。方法上多採用實驗法，研究行為的獲得、記憶、遺忘等現象與學習情境、學習方法間的關係。

(五)人格心理學

人格心理學（psychology of personality）主要探討人格的發展與結構，以及影響其發展與結構的各項因素。研究的主要目的在瞭解個人適應環境時的行為特徵。

(六)社會心理學

社會心理學（social psychology）旨在探討個體與個體，以及個體與團體之間的互動，及影響此互動關係的各項因素。研究主題包括人際吸引、群眾行為、領袖與領導、態度、意見、角色行為等。

(七)認知心理學

　　認知心理學（cognitive psychology）主要在探討個體如何獲得與使用知識，及如何解釋、認知周圍世界的心理歷程。

(八)變態心理學

　　變態心理學（abnormal psychology）旨在探討異常行為的類別與成因，以作為心理診斷與治療的依據。

(九)實驗心理學

　　實驗心理學（experimental psychology）是運用實驗方法，探討個體行為的基本歷程。感覺、知覺、學習、記憶、動機等都是實驗心理學的主題。

二、應用部分

(一)教育心理學

　　教育心理學（educational psychology）是採用心理學的理論與方法，研究教育情境中，教師與學生的互動行為及學習的歷程；建立一套教學上的原則，進而改善教材教法，促進學習的效果，解決教學的問題。

(二)諮商心理學

　　諮商心理學（counseling psychology）目的在幫助生活適應困難或心理異常者，增加自我瞭解、接納，進而思考、分析並獨立解決問題。

社會科學概論

運用的方法有諮商技巧或提供心理測驗等客觀資料。基本理論有精神分析論、行爲論、人本論與認知論等。

(三)臨床心理學

臨床心理學（clinical psychology）以行爲異常與心理疾病患者爲對象，實際從事診斷、治療等工作。乃運用心理學的知識與方法，幫助心理失常者增加自我瞭解，改善生活適應。

(四)工業心理學

工業心理學（industrial psychology）是運用心理學原理原則，探討由生產到消費歷程中的相關行爲問題，內容包括職業分析、人員的甄選訓練、工作士氣與工作效率的提升、市場調查、廣告企劃等。

(五)心理計量學

心理計量學（psychometrics）內容包括測驗與統計兩部分，目的在研究心理測驗編製的理論與方法，以及結果的分析。可提供心理診斷的工具或各種量表，幫助個人、學校或工廠方面發現問題，以提出解決辦法。

(六)健康心理學

健康心理學（health psychology）的研究，目的在幫助人調適壓力，預防疾病，並努力調整身心生活使自己更健康。強調健康操之在我，個人應努力學習健康行爲習慣。

問題與討論

一、請說明心理過程，有哪些比較突出的特點。

二、請說明心理學的主要學派中結構論的主要內涵。

三、請說明心理學的主要學派中功能論的主要內涵。

四、請說明心理學的主要學派中行為論的主要內涵。

五、請說明心理學的主要學派中認知心理學的主要內涵。

六、請說明心理學的主要學派中人本心理學的主要內涵。

七、請說明心理學的研究單元中感覺的主要內涵。

八、請說明心理學的研究單元中思維的主要內涵。

九、請說明心理學的研究單元中學習的主要內涵。

十、請說明心理學的研究單元中態度的主要內涵。

Chapter 8

人類學概要

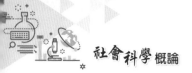

第一節　人類學的主要意涵

　　「人類學」的英文是anthropology，該詞來自希臘文anthropos加logos，意思是「研究人的學問」，後來通稱為「人的科學」（the science of man）。

　　隨著人類學的發展以及時間和空間的不同，對人類學本身的認識，也在不斷變化著。各國不同學派、不同學者之間的看法都不盡相同。《大英百科全書》中對人類學是這樣解釋的：「從詞的來源看，人類學是人的科學，而實際上，人類學僅是人類各種科學中的一門科學。它把這樣一些學科綜合在一起，這些學科的共同目的是在居民的生物特徵和文化特徵的基礎上描述人、解釋人，並經由時間的推移來強調這些居民的變異和進化。以種族的概念為一個部分，文化的概念為另一部分，二者都已受到特別的重視。」《大美百科全書》中說：「人類學是從生物學的觀點和文化的觀點來研究人類。涉及到把人類當作一個動物的部分稱為體質人類學，涉及到人類所創造出來的生活方式的那部分稱為文化人類學。」《日本中文大辭典》中說：「人類學為就人類而研究一切事項之科學也。內容有下列諸問題：(1)人類之特徵；(2)人類之地位；(3)人類之由來；(4)人類之系統；(5)人類之地理分布；(6)各種族性質之異同及其原因；(7)人類之文化；(8)人類之改良。故與生物學、心理學、社會學、歷史學、地理學、遺傳學等，均有密切之關係。」

　　我國的《辭海》中說：「人類學是研究人類的體質特徵、類型及其變化規律的科學。包括從猿到人的演變過程，人體發育中的體質發展和增進，世界各地人種的形成過程，地理分布及其相互關係。人類學不僅是自然科學的一部分，而且與社會科學有密切的關係。主要分科有人體型態學、古人類學和人種學等。」

上述這些不同意涵可以歸納爲兩種，一種認爲人類學是關於人類研究的最全面的學科群；另一種則認爲人類學是關於人類體質的科學。後一種意見雖主張人類學只是研究人類體質，但同時也認爲人類學與社會科學有密切的關係。隨著人類學的發展，人們愈來愈普遍認爲人類學並非僅局限於自然科學，而是包含著許多社會科學乃至哲學的因素和內容，它是一門自然科學與社會科學相互交叉的科學。概括地講，人類學是研究人類本身及其所創造的物質文化和精神文化的起源、形成、發展規律的科學。

最早對人種的體質特徵、不同人種風俗習慣進行研究的是古代希臘的學者。隨後歐洲大陸的學者，對人類的體質、體型特徵進行了研究，而應用科學的方法，對人體體型的測量，並從生物學分類系統中，把人和猿正式劃歸爲靈長目的科學工作則開始於十八世紀。到十九世紀中期，著名的生物學家達爾文，突破神權思想的統治，用科學的觀點，系統地研究人類的起源與進化。達爾文的《物種由來》（*Origin of Species*）一書的問世，以及當代人類學者史賓賽（B. Spencer）、赫胥黎（T. H. Huxley）、泰勒（E. B. Tylor）、波葛斯（F. Boas）等人的提倡，人類學才成爲一個獨立的科學。傑出的美國學者摩爾根（L. H. Morgan）費時四十年，對北美印第安人的部落進行了研究，收集到很多實地調查資料，於一八七七年發表了《古代社會》（*Ancient Society*）一書，把歷史分爲蒙昧、野蠻和文明三個時代，把全部的原始社會史奠定在新的基礎上，在原始歷史的研究上開闢了一個新的時期。

 第二節　人類學的研究範圍

人類學最早的研究對象是體質人類學，盛行於歐洲大陸。至十八世紀末期，英國人類學者認爲人類學研究應採用綜合方法，把有關人類的

起源及原始文化都加以探索，包括體質與文化兩大部分。早期的人類學雖然有不同學派、不同的研究對象與方法，但就人類學的研究範圍已包括體質人類學與文化人類學。

具體地說，人類學研究的主要內容，包括以下五個方面：

一、人類的來源、形成、變化的研究

當人類學還處於萌芽狀態的時候，世界各地先後發現了大量動物和人類化石，有的還伴隨著相當數量的文化殘餘物出土，古生物學、考古學等學科，希望能經由特別的途徑來回答人類的起源、形成和變化等課題。於是對人類由來和進化的研究，就成為人類學研究的最早項目。這個問題主要涉及的是人類從何而來，以及如何由動物轉變到古代人類，當代人類學已經出現的一種新趨向，除繼續研究古代人類問題外，都格外注重對現代人類各種問題的鑽研，而且研究人類的項目愈來愈多，愈加專門化，終於構成了人類體質研究體系。對人類體質的研究，主要涉及的是人的自然屬性，特別是人的動物特性，其中包括體質測量、遺傳、優生等問題的研究，不論人類如何發達，它總免不了有其自然屬性的一面，認識人的自然屬性、改造人的自然屬性，是人類進步中不可缺少的活動，因此，這構成了人類學研究的一個極其重要的部分。

二、人種和種族的研究

在人類漫長的歷史中，形成了人種和種族的差異，對此人們曾有過一般的認識和記載，它成為人類學研究範圍中的一個專門項目，在「地理大發現」之後，人類學需要對當時提出來的有關人種和種族的新材料、新問題做出解答。這些問題包括：如何區別不同的人種；各種不同的種族是如何產生的、怎樣演變的；種族和民族的區別和關係，種族的

自然性、社會性及其互相影響……關於人種、種族的研究，多從人體體型、體質及其測定上開始，從頭型、體型、髮型、膚色、血型、細胞染色體等異同比較的研究著手。相繼而來的就是探索人種分類法，特別是處於不同歷史時期，不同地域、自然條件，不同社會環境中的各種群體或群體成員，他們在流動遷徙，交錯混雜，出現了許多錯綜複雜的現象和問題，需要人類學對他們做長期的觀測和探索。

三、文化研究

　　人類學要研究人類的自然性，同時又必須研究人類的社會性，人不僅是自然人，同時也是社會人。人類不但創造了社會，而且創造了一整套物質文化和精神文化，相反地，社會、物質文化和精神文化又會反作用於人類。同樣地，物質文化與精神文化之間存在著作用與反作用的辯證關係。因此，關於社會、物質文化與精神文化及其相互關係，就成為人類學的傳統課題。

　　人類社會的物質文化，主要是指人類總是在一定社會關係下從事物質生產和生活的各種方式。人類能創作和使用各種生產工具，如石器、骨器、木器、鐵器、機械等。人們會從事各式各樣的生產：採集、漁獵、畜牧、種植、手工以及其他種種生產活動，人們生活在一定的自然和社會環境下，又能建立起與衣、食、住、行等有關的一整套生活方式。這些在一定地域、一定群體、一定歷史條件下構成的社會物質文化系統，不僅需要人類學從橫斷面上逐項地認真考察，還必須弄清楚它們之間的關係，探索物質文化的來源、構成和演變情況，將它置於一定的社會領域裡，弄清其構成的源由。在物質文化的基礎上，人類又建立起與之相應的一整套精神文化。語言文字、心理情感、思想觀念、文學藝術、風俗習慣、信仰崇拜、倫理道德等精神文化，和與之息息相關的一系列上層建築問題，都需要人類學去研究。人群結構組成的各種群體、

社會組織、制度，如家庭、婚姻、親屬制度等，一直是人類學鑽研的傳統題目，有的雖然發展成獨立於人類學中的一門學科，可是對其來源、形成問題，仍然是屬於人類學主要的課題。對人類精神文化的研究，既要進行橫斷面的記敘分析，又必須縱向的綜合追溯。

四、人類學知識與技能的應用研究

人類學與其他學科一樣，除了對其有關的資料收集、整理、記敘和抽象而成的理論之外，還有如何運用其知識技能的問題，也在人類學研究範圍之內。當代的科學技術突飛猛進，人類學與自然科學、應用科學相結合的研究課題日益增多，如農業和工業、農村與都市、醫藥與衛生、環境保護、遺傳工程等，有的人類學家聲稱當今的時代是「全方位人類學時代」。對生活和工作在陸地、水域的人體活動要研究，對空中乃至大氣層宇航的人體活動，都在人類學研究之列。在社會科學中，也廣泛運用人類學的成果。在政治、經濟、法律、歷史、教育等方面，都能運用人類學的研究成果，或者與之結合起來解決一系列問題。

五、人類學學說史的研究

從十九世紀人類學首先在歐洲建立算起，至今還不到兩百年，但是，如從它處於萌芽狀態的時期來計算，那它的歷史就要長得多了，目前，它仍處於不斷地演化過程中。世界上對人類學學說史的研究早就開始了，可是由於對人類學學科的不同看法，對它的學說史看法也並不一致。要總結學科本身的發展史，對如何開展人類學研究，同樣非常需要，也是研究科技史不可缺少的組成部分。開展人類學學說史的研究，必須弄清楚人類學這一學科本身的發生、發展全過程。對世界各國、各個學派的人類學者及其代表著作，都要認真地仔細考察評述。對以往的

人類學家和他們的學說著作,都必須做歷史分析。

 ## 第三節　人類學的主要分支

人類學的主要分支及其內涵,概可說明如下:

一、文化人類學

文化人類學是研究人類的社會屬性,包括文化的起源與發展、語言的發生與發展、古代人類的社會制度、社會組織、婚姻型態,以及生產力、生產關係、經濟基礎等。其內涵如**表8-1**所示。

表8-1　文化人類學的主要內涵

項　目	內　涵
經濟人類學	經濟體系、生產制度、財物觀念、交換與分配、貨幣與市場、消費模式、經濟成長與發展。
親屬人類學	家庭與家族、婚姻與居住法則、親屬組織、親屬稱謂、親屬體系與社會結構。
政治人類學	階層與階段權力的獲得與分配、政治體系的演進、衝突與和解、戰爭。
法律人類學	社會規範與社會順從、社會制裁的方式、法律過程、法律的功能。
宗教人類學	超自然信仰的本質、宗教的功能、儀式行為、宗教體系與象徵體系、宗教運動。
心理人類學	文化與個人、文化傳遞過程、基本人格結構與民族性、文化與精神健康、文化、人格與社會變遷。
應用人類學	異文化區域治理、種族關係、計畫變遷與區域發展、教育人類學、工業人類學、文化資產保存、醫藥人類學、人類學與旅遊、貧窮文化問題。
生態人類學	文化與環境、適應方式、文化生態學、人口生態學、系統生態學、生態與文化變遷。

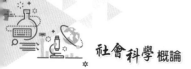

（續）表8-1　文化人類學的主要內涵

項　目	內　涵
城市人類學	城鄉連結與互動、移民社區、自願社團、傳統文化延續與轉變、泛文化城市比較。
人口人類學	早期人類人口歷程、文化模式與人口歷程、文化因素與生殖行為、文化背景與家庭計畫。
原始藝術與物質文化	表達文化、藝術與裝飾、表演藝術、民族音樂、遊戲與競賽、衣食住行、工具與武器。
婦女人類學	兩性的生物差異、兩性的分工與社會化、婦女的地位與角色、婦女運動。
民俗學	神話與傳統、口語文學、歲時行事、生命禮儀。

資料來源：作者整理。

二、考古人類學

考古人類學自人類歷史文物及陳蹟以建構人類學的知識，內涵有史前考古學、歷史考古學、古典考古學、民族考古學、現生考古學、試驗考古學、分析考古學、年代考古學、理論考古學、人類考古學、應用考古學、特殊考古學。

三、體質人類學

體質人類學是研究人類自身的起源、分布、演化與發展，人種的形成以及現代人種、種族、民族的體質特徵、類型及其變化的。其內含有靈長類、化石人類學、人類進化、種族分歧與分類、體質文化與環境。

四、語言人類學

語言人類學則強調由語言結構及特色來探討人類學的內涵。內容有歷史語言學、結構語言學、社會語言學、民族語言學、心理語言學。

五、應用人類學

除此之外，應用人類學是近年來蓬勃興起的一個人類學領域。應用人類學運用人類學的理論與社會調查方法，著重研究現代社會的結構和人們的社會生活規律，對城市、農村各個不同範疇的人們的社會心理與生活特質進行調查、深入研究。應用人類學迅速發展的原因，是人類學者把人類學的研究範圍擴大到社會的各部門，與人類社會中的各種問題緊密結合，與某些有關的學科相整合，朝向綜合研究的方向發展。這種發展趨勢日益增強，為人類學開闢了新的研究領域。

 # 第四節　人類學與現代社會

人類為生存而彼此競爭，處處受到文化的限制，動植物則無此限制，放任自由。人們將文化定義為社會發展的產物，是為人們所創造出來的物質成果和精神成果的總和。這樣文化便與自然物分離開來，成為人類社會特有的東西。就上述定義，則可看出：(1)從社會意識的觀點，文化是對社會存在的反應，是處在一定社會相互關係中的人們製作、創造和直接生產的；(2)每一個時代的精神生活，構成該時代的精神文化的內容；(3)文化是人類活動的成果，同時是人類精神、財富生產、分配和消費過程；(4)文化的核心是知識為人類認識世界改造世界的主要

依據；(5)人類的生活方式是文化水準的具體體現。

依照衛士拉（C. Wissler）的看法，現有各種民族的文化在其結構上，不但有他們共同的基本單位和特質結構，並且有一共同的組織系統或綱領。文化模式包括九個主要部門：

1.語言：言語文字等。

2.物質特質：飲食的習慣、住所、運輸與旅行、衣著等。

3.美術：雕刻、繪畫、音樂等。

4.神話與科學知識。

5.宗教習俗：禮儀的形式。

6.家庭與社會體制：婚姻的方式、繼承、社會控制。

7.財產：不動產與私人的、價值與交易的標準、貿易。

8.政府：政體、司法與法律程序。

9.戰爭。

文化能普存於人類的社會，是因為文化不僅提供滿足個人需要的行為模式，並且也是個人行為的嚮導，同時對社會秩序具有維持穩定的效果。這使得文化在人類群體中扮演著規範體系的角色。文化的基本表現在凝聚社群並形成生活的傳統。但文化並非凝固不變的東西，它有其形成、發展、演變過程。文化傳統在塑造人、造成人的社會實質的同時，也被人引伸和再創造，其本質是現代社會「人的實質」。文化型態可分為知識、價值、思維、習俗等因素，它有封閉性、能動性、實踐性、改造性等性質，它使人們產生共同的思想、心理、語言，共同的信仰、價值觀和行為規範，成為群體的一種巨大向心力。文化不但具有多樣性，而且還具有人類的同一性。一切文化是統一的全世界歷史過程的一個環節或部分。各個文化區所形成的文化式樣，將隨著文化聯繫、傳播、交流和吸收，被納入日益擴大的客觀必然的文化綜合過程。

文化是指構成生活方式的信念、價值、行為與所使用的物品。當

代文化全球化的特色在於，大量增加了「象徵性」的意象與物品，在全球範圍流通，而且是以前所未有的強度、容量及速度跨越時空的距離而到處流動。文化全球化造成社會生活的象徵密度（symbolic density of social life）的增加（Held, 1999）。在以往，主要是由在地的文化象徵系統及其制度機構，提供其社會成員所需的文化生活必需品如知識、意義、價值等。隨著現代社會的發展，愈來愈多這些文化生活必需品，往往是在千里之外被製造出來，而爲在地的社會成員者所取用。所以，其接收的象徵事物則是持續不斷地增長。文化與社群生活息息相關，社會生活象徵密度的增加，是全球與在地連結之後在文化上所形成的結果，大大改變了在地社會成員現今的文化生活環境。

文化之所以會變遷，主要是因爲創新（invention）、發現（discovery）與流通（diffusion）。文化要產生變遷是一個持續的過程，文化變遷必須包括以下步驟：第一，揭發核心價值與信念：這些核心價值與信念必須包括所陳述的價值與目標，同時它們也體現在組織的隱喻、神話、故事與成員的行爲中；第二，承認、尊重與討論不同組織次文化的核心價值與信念差異；第三，尋找意識與潛意識信念與價值間不同之處，並由組織加以選擇採用，建立新的行爲規範來彰顯價值期望：第四，長時間的重複這些步驟。當新成員進入這個組織之後，要確定他們接受的訊息夠清楚，同時應該強化大家所期待的行爲。

經由全球化的過程，往往產生複製文化，該歷程涉及以下因素：第一，文化模式的複製；第二，文化特質的儲存；第三，文化內涵的傳輸（transmission）。文化之所以快速變遷的基本原因，是因爲與外在文化影響力直接面對面接觸，如由另外一個文化所入侵或由另外一個民族所殖民。

現代社會公共生活領域日益擴大，現代社會的生產方式和生活方式，決定了頻繁的和多方位、多層次的人際交往，故現代社會公德比任何一個歷史時代都顯得重要。現代社會公德規範兩種關係：一是人與

人之間的關係，包括「個人文明舉止」，「人際交往中自尊和尊重他人」，「社會交往中誠實守信」；二是人與社會之間的關係，包括「遵守公共秩序」，「尊重與維護社會公益」，「愛護和保護他人勞動成果」。一個現代化社會隨著經濟的高度發展，國民所得大幅提高，教育知識日漸普及，導致社會大眾更加重視生活素質的提升。為了追求財富的公正分配，建立完整健全的社會體系，以期縮短所得之間的差距，使社會中現存的弱勢團體獲得正義力量的支持，人們期盼政府進一步建立完整的社會安全體系。在邁向現代社會之際，若能掌握先進社會經驗並有效結合社會文化內涵，考量社會的背景、結構、文化特質，將能為邁向健全的現代化發展做出最適切的規劃。

總之，文化是人類思想創造的工具，借助於它，人可以適應自然、改造自然；文化是人類存在的方式，歸結為人在自然和社會中自由的發展；同時，文化作為符號體系，是在人類社會和歷史實踐過程中產生符號的意義，以傳承人類的智慧。究此，可深知文化在人類社會的意義及重要性。

人類學正在受到人們的日益重視，可以說它是一門時尚的學科，也是一門快速發展的學科。不少人類學家推測，如果說二十世紀是人類由原子時代進入太空時代，那麼在即將到來的世紀人類學，將有較大的發展。之所以會出現這種局面，既取決於社會發展的進程，也取決於人類學的學科性質。我們知道，人類經過石器時代、鐵器時代和機械化時代的發展，如今正在向自動化方向發展，資訊時代正在到來。經過這麼漫長的發展時期，人類的改造活動將逐漸移向人類自身，全面認識人類自身的性質、地位、作用、發展趨向，已成為一項日漸突出的研究課題，這就必然要進一步強化有關人類學的研究。從人類各門科學的發展趨勢看，諸多學科的相互協同發展正在成為一股潮流，形成更龐大的體系。

問題與討論

一、請說明人類學的研究對象為何。

二、請說明人類學的研究範圍為何。

三、請說明人類學的主要內涵。

四、請說明文化人類學的主要內涵。

五、請說明考古人類學的主要內涵。

六、請說明體質人類學的主要內涵。

七、請說明語言人類學的主要內涵。

八、請說明文化能普存於人類社會，是因為其提供了哪些功能。

Chapter 9

社會學概要

　　社會學形成一門學科已有一個多世紀了，社會學是把社會當作一個整體來研究的綜合性科學。今日社會從全球角度來看，專業智識呈現高度自主性，社會資源很容易被少數人所壟斷，從而使知識造福社會的功能為減低或架空。現代公民在日常生活與專業情境中會遇到各種倫理抉擇與難題，其中涉及價值、義務、角色等衝突。在觀點分歧的多元社會中，面對這些抉擇，更需要具備理性思辨的能力。這使得社會學運用更細緻的思維檢視現行社會，並寄寓理想社會的到來。

第一節　社會學的研究領域

　　社會學它力圖用科學的方法來認識人類社會組織型態、社會結構方式和群體活動規律，它探討社會現象、社會關係、社會生活以及社會問題等。人們需要社會學，不是因為對個人、家庭、組織競爭、合作、同化這些名詞比較熟悉，也不是因為對角色、互動、社會化、小群體、社會行為、社會變遷感到好奇，更不是因為它有社會科學六大部類之一的桂冠，而是由於社會學幫助我們瞭解社會結構的特點，掌握人們社會行為的規律，預測社會的變遷和發展。正因為如此，人們對它投以青睞的目光。

一、社會學的定義

　　社會學家孫本文在《社會學原理》一書中介紹了九種社會學的定義：(1)是用科學的方法研究社會現象的科學；(2)是研究社會形式的；(3)是研究社會組織的；(4)是研究人類文化的；(5)是研究社會進步的；(6)是研究社會關係的；(7)是研究社會互動過程的；(8)是研究社會現象之間關係的；(9)是研究社會行為的。出現這種仁者見仁、智者見智情況

的原因，是社會現象複雜紛繁。儘管各種學說眾說紛紜，但作為一門科學還是有其共同點，即社會學是研究社會結構和社會過程。具體而言，它是研究社會結構和社會過程中的社會關係、社會行為及其變化規律的科學。

二、社會學的特點

社會學不僅要研究社會關係和社會行為，而且要研究社會整體，研究社會的功能及其變遷規律。社會學和其他社會學科相比，有四個比較突出的特點，如**表9-1**所示。

表9-1 社會學的特點

項目	內涵
整體性	社會學的特點在於把社會當作一個整體來進行分析。一個社會是其所屬各個部分的統一體，其構成和變化都有一定的規律。因此，在研究社會或社會結構的某一部分時，同時要研究這一部分與其他部分之間的聯繫和影響，從而達到認識社會整體的目的。具體地說，社會學不僅要研究社會關係和社會行為，而且要研究社會整體，研究社會的功能及其變遷規律。
廣泛性	社會學廣泛地研究人們在社會生活中，相互間的社會關係和社會行為。小至個人扮演的種種社會角色，大至社會組織的關係，以及生活問題、社會制度、生態問題、社會結構、社會變遷、社會控制、現代化等，都是社會學研究的範圍。
綜合性	在社會學研究中，跨學科領域的研究會經常出現。換言之，各門具體的社會科學是把社會分解成各個部分，分別地加以研究；而社會學則把社會各部分聯繫起來，加以綜合研究。
實用性	社會學研究的課題往往是人們感到迫切需要解決的一些問題，也就是說實用性很強的課題。社會學研究的資料直接來源於社會生活，無論是理論研究或是具體社會問題研究，都必須收集第一手資料，從資料的分析中引出結論，提出新的見解，或者驗證已有的理論。

資料來源：作者整理。

三、社會學的研究領域

根據行政院研考會出版《社會科學分類之研究》中強調，社會學的研究領域可分析如下：

1. 社會思想史：中國社會思想史、東方社會思想史、西方社會思想史。
2. 社會學理論：功能理論、衝突理論、互動理論、交換理論。
3. 社會研究法：實驗法、觀察法、歷史研究法、比較研究法、社會統計、質性研究。
4. 社會組織：社會互動、團體、社區、正式組織與科層制度。
5. 社會階層：社會分工與階層、社會均等、社會流動。
6. 社會制度：家庭與婚姻制度、政治制度、經濟制度、教育制度、宗教制度、法律制度、醫療制度、休閒制度。
7. 社會心理學：社會化、社會認知、社會態度、角色與人格、人際關係與溝通、團體動力、領導。
8. 集體行為：群眾行為、輿論與民意調查、社會運動。
9. 資訊傳播：人際傳播、大眾傳播、小眾傳播、網路傳播。
10. 人口學：人口理論、人口統計、人口組成、人口移動、人口分布、人力資源與勞動力、生育研究、人口政策。
11. 區位學：區位理論、都市化、社區研究。
12. 社會問題：社會解組、偏差行為、犯罪學、社會控制。
13. 社會變遷：社會變遷理論、現代化、計畫變遷、創新與擴展、結構轉型、發展理論、區域發展、國際發展。
14. 社會分支：文化社會學、知識社會學、家庭社會學、政治社會學、經濟社會學、教育社會學、宗教社會學、工業社會學、鄉

村社會學、都市社會學、醫療社會學、法律社會學、職業社會
學、發展社會學、環境社會學、歷史社會學、科學社會學、老
人社會學、數理社會學、兩性社會學、軍事社會學、語言社會
學、藝術社會學、運動社會學、社會生物學。

 # 第二節　社會學的主要理論

社會學理論就是由一群在邏輯上相互關聯的概念所組成的，用以
解釋說明一種或一系列社會現象的命題。社會學理論要通過驗證，來證
明其正確與否，理論的概括愈高，所解釋的現象愈多。社會學理論的目
的，不僅在於提供描述某些社會現象的實際狀況，而更重要的是能夠解
釋各種相關聯的社會現象間的關係。社會學的理論不是哲學的思辨，它
具有相當程度的可驗證性。社會學理論所要解釋的對象也不是包羅萬象
的，有的理論是解釋社會結構的，有的理論是解釋人際關係的，有的理
論是解釋社會變遷的。

一、結構功能理論

(一)美國社會學的主流

簡單地講，它認為社會整體是由各個相互聯繫的部分組成的，各
部分都對整體產生一定的作用，發揮一定的功能。此理論認為社會是一
個體系，社會是由各種因素構成，而這些因素又是相互依存的，這樣當
某一因素發生變化，就會給其他因素帶來影響，並對其產生反作用，所
以要保持整個社會的均衡。結構功能理論最基本的關照對象就是社會
整體，其重點在於關照構成社會各種要素之間的相互關係。其主要任務

社會科學概論

是，揭示維持社會生活穩定性的必要因素；探索滿足社會需要的必經過程；研究能把社會諸機構協調起來，使之一體化的方法。

帕森斯在一九四五年正式提出結構功能的社會分析方法論，他認為社會通常是處於平衡狀態，因此他提出均衡理論模式。在這個理論模式中，社會被看作是一個體系，這個體系能夠借助於適當的社會機制，在一切由於外部或內部力量的作用而破壞了均衡的地方，力圖恢復均衡。他試圖用這個理論回答霍布斯的問題：「究竟是什麼因素使社會維持一個整體？什麼因素使社會生活有秩序地進行，而不致發生與人相爭，混戰一團呢？」帕森斯認為，社會的道德規範調節了人們的行為，規範運用了體制化的過程，體現在社會的體制中，又經過社會化的過程，使人們的性格和動機符合規範，並且在規範中規定了角色與角色之間的行為標準。如果社會過程都按規範進行，就會使社會處於平衡狀態。換句話說，穩定的相互作用體系一旦建立起來，它本身就具有一種使原有狀態不變的傾向。

(二)核心概念——系統

結構（structure）一詞本源於生物學，指一個有機體所有部分（器官或組織）的一種系統安排。結構功能理論認為，結構是指系統內各組成要素之間，在空間或時間方面的有機聯繫與相互作用的方式或順序。功能是控制體系內結構與過程運行的條件，這些條件影響到結構的穩定持續性運作。社會結構是結構內部各構成部分或各個部分之間，所建立起來的互動關係模式。這些構成部分通常是指組織中的人員、職位、橫向部門、縱向層次、權力體系、規範制度等。社會結構是指社會系統的構成要素，彼此之間保持著相對穩定的關係。這種關係使得社會系統具有一定的型態與功能，例如家庭、家族、宗族、學校等，均為構成社會系統的要素，而且有一定的結構、型態、特徵與功能。帕森斯在結構功能學觀點中，認為社會秩序的穩定性乃是由人們的相同價值體系所促成

的，而任何行動體系都可以由下列四個功能類型來分析：

1.體系控制模式的維護。

2.體系內在單元的整合。

3.獲取目的的價值取向。

4.對外在環境的適應性。

在帕森斯的結構體系內，文化體系的主要功能是模式的維護；社會體系是為行動單位的整合；人格體系是為獲取目的；而有機行為體系則是為適應外在的環境。此四種功能就是著名的AGIL：A指適應（adaptation）；G指目的之獲取（goal attainment）；I指整合（integration）；L指模式的維護（latency pattern maintenance）。

這種功能分析格局稱之為"AGIL"格局（取四個功能基本條件的第一個字母命名）。帕森斯認為AGIL是社會生存的四個問題，不僅每一個社會都有這四個問題需要解決，而且社會裡的每一部門都有這四個問題。

我們知道，帕森斯結構功能主義理論的中心是社會體系的穩定、整合、均衡，AGIL的功能調整的最終目的，不僅在於使社會繼續生存下去，而且在於維持社會體系的整合。

二、社會衝突理論

隨著社會各種矛盾的加劇，結構功能理論的均衡概念已不能解釋暴力、鬥爭、戰爭，正是在這種條件下，衝突理論應運而生。所謂衝突，就是由價值觀、信仰以及對權力、地位、資源分配而引起的鬥爭。簡言之，衝突就是個人間或群體間矛盾表面化而發生的，以壓倒對方為終極目的的一種互相對抗的行為方式。

衝突理論的淵源，可追溯到馬克思的階級鬥爭理論和齊美爾（G.

Simmel）的形式社會學理論。馬克思主義在衝突問題上的思想，歸納爲三個基本假設：(1)經濟組織決定社會裡的其他組織；(2)每一個經濟組織裡都包含著階級衝突的成分；(3)無產階級會逐步因受壓迫而產生共同階級意識，用以抵抗資產階級的剝削。

　　除了馬克思外，德國社會學家齊美爾的形式社會學理論也對當代衝突理論影響頗深。他的形式社會學強調，現實社會裡的衝突是無法避免的，一個社會是由一群相互衝突的單位組織而成的。齊美爾認爲一個完全融洽和睦的社會是不可能存在的，因爲社會永遠包含著衝突的因素。愛與恨、和睦與衝突等的相對矛盾關係，是使一個社會繼續存在與發展的因素。因此，衝突並不完全是破壞性的，它也具有建設性的社會功能，科塞（L. Coser）把這種衝突觀歸納爲以下的十六個命題：

1. 衝突有促進群體結合的功能。因爲把人們統一起來的力量和造成人們衝突的因素，是一個問題的兩個方面。衝突能使結構更密切地結合。
2. 衝突具有維持群體功能的意義。兩者有衝突不完全是壞事，有些衝突會使人們的生活更能容忍一些。如果衝突和反對形式都被取消的話，就會導致兩者的解體。允許衝突，能讓人們的不滿情緒表現出來，使之得到某種心理上的安慰。
3. 衝突分爲現實衝突和非現實衝突。一旦由於利益而發生的衝突，這裡面就包含有復仇情緒，那麼這種衝突就不是爲了解決當時所出現的問題，只是爲了消滅對方。比如甲乙雙方爲爭奪某物而發生衝突，發展到後來，雙方便不去注意他們最初的目的，而是想消滅對方。
4. 敵對情緒將有助於衝突進行下去。
5. 在密切交往的社會關係中，同時伴隨著恨和愛，只要兩人關係密切，就會產生愛和恨交織在一起的情緒。
6. 關係愈密切，衝突愈嚴重，兩人密切的關係一般都是建立在許多

共同點上的，一旦這種關係破裂，兩人的關係就會比陌生人的關係更壞。因為對陌生人的評價比較客觀，而對關係密切的人的評價則帶有主觀色彩。

7.任何社會關係在統一之前，一定有矛盾和衝突。

8.兩人關係之間如果沒有衝突的話，反而說明兩人關係不夠親密，只是為了把一種關係維持下去，所以雙方都盡量避免衝突的出現。

9.處於和平狀態的群體，可以允許它的成員內部發生衝突。可是，一旦整個群體與外部群體發生衝突時，就會將內部所有力量結合在一起，一致對外。

10.如果一個群體經常與外部群體發生戰爭，那麼對內部衝突的容忍程度就低；反之，則容忍度高。

11.一個群體如有意識地尋找一個外部敵人，可以導致內部的整合。

12.如果在衝突中，參加衝突的雙方各自都認為自己是集體的代表，而不是為了個人利益而鬥爭，這樣的衝突會比個人利益之間的鬥爭更殘酷、更激烈。

13.衝突可能使鬥爭雙方形成其他交往形式，比如人與人之間往往不打不相識。

14.在力量均衡的衝突中，表現看來都不希望對方組織起來，其實都希望對方組織起來。

15.通過鬥爭，可以使鬥爭雙方暸解對方的力量，從而調整關係，避免不平衡和衝突的發生，並且要避免有大衝突，最好是小衝突。

16.衝突還能促使對方沒有聯繫的個人或集體聯繫在一起。

德國社會學家達倫多夫（Ralf Dahrendorf）主要是研究衝突發生的根源，而且說明衝突可能影響的結果不僅使社會產生變遷，同時團體內

部更加穩定。他在《權力分配的組合團體》（*Imperaticely Coordinated Associations or Groups*）一書中認為，只要人們聚集在一起組成一個社會，那麼，必然有一部分人擁有指揮權。具有支配他人權力的稱為正支配角色；受他人指揮的稱為受支配角色。他認為這兩種角色有以下特點：(1)在每一個依賴權力關係支配的組合團體內，正支配角色的人和受支配角色的人必然形成兩種針鋒相對的非正式陣營。受支配角色的人將設法改變受人約束的現狀，以求得自己的權力。(2)那麼，這兩者必然建立符合自己利益的團體，各有自己的方針、計畫。(3)針鋒相對的利益團體會不斷地處於紛爭中，但紛爭衝突的形式和嚴重性，則常因實際情況與條件的不同而有差異。(4)衝突的結果可能導致正支配角色的權力丟失，而被受支配角色者奪得。

三、社會交換理論

社會交換理論（social exchange theory）主要研究對象是社會中的個人，從個人研究著手，進而推論到團體、社會以及文化等的穩定性及變遷。主要任務是探討人與人之間的相互交往關係，是一種吸取經濟學和心理學的交換理論、行為理論的混合物。交換，在經濟學上是指商品交換。社會學的交換理論指的是把人與人的交往、接觸看成是一種過程，受到多個能帶來獎勵回報的、或明或暗的活動的交換的支配。例如：乙幫助甲抬東西，甲向乙表示謝意，這就是一種交換。如果乙幫助甲後，甲不感謝乙，則這種關係以後就不會維持下去了。如果甲感謝乙，則這種關係就可以繼續下去。

這一理論的創始人霍曼斯（George C. Homans）同時容納了經濟學和心理學的觀點，強調個人的行為可以經由環境的改變而改變，個人的動機是真正決定個人行為的主要因素。主張社會學必須從不真實的抽象中回到最明確的事實中來，主張根據心理學理論返回到人類行為的研

究。對交換論來說，不是簡單地提供個性及其結構之間的地位—角色的鏈條，而是說這種結構或制度是在實物和非實物交換過程中由個人所構成的。

社會交換理論強調下列五個命題：

命題一：成功命題

「在一個人所做過的所有行為裡，若其中某一特定行為時常換得報償，則該行為會重複出現。」斯金納（Burrhus Frederic Skinner）在著名的鴿子啄玉米粒的實驗中發現這一原理，霍曼斯認為這也適用於人類行為。

命題二：刺激命題

「如果在過去時間裡，某一特定刺激狀況的出現曾帶來某種報償，則當目前所發生的刺激狀況愈類似過去的狀況時，類似以往的同樣行動就愈可能重複出現。」以學生期望的好分數為例，學生知道必須跟上課程並在考試前用功複習，如果他獨自複習得到高分，而參加補習班並沒有益處，那麼以後他仍會選擇獨自複習。

命題三：價值命題

「如果某種行為所帶來的成果對一個人愈有價值，則他愈可能去做同樣地行動。」這裡的價值指的是各種不同程度的報償或懲罰。當正價值高時，人們愈會去做該行動；但是當負價值高時，則人們愈會避免去做該行動。

命題四：剝奪與飽滿命題

霍曼斯認為：「一個人在過去得到的報償愈多，對他來說，這種

報償進一步發展的價值愈低。」這一命題進一步限定特定行動發生的條件。如一個學生總是得高分，對他來說，再得一次高分還不如參加偶爾舉辦的音樂會更有價值。這個命題指出價值的時間性。

命題五：侵犯與贊許命題

「當一個人的行動沒有得到他所期望的報償或受到意外的懲罰，他就會氣憤，轉變而做出侵犯行為，這種行為的結果似乎對他更有價值。當一個人的行為得到預期的報償或沒有遭受他所預料的懲罰，他會高興，並變得做出贊許行為，這種行為的結果似乎更有價值。」在這個雙重命題中，霍曼斯注意到人的情感行為。如果學生放棄學習去聽音樂會，當得知票已售完，沒有得到預期的報償時，會感到灰心喪氣並可能加以發洩。如正在這時，劇場負責人發現此事，為了安撫學生而同意增加座位，學生會轉怒為喜。

霍曼斯強調，這五個命題之間是相互聯繫的，必須把它們當作一個整體，當成一個命題演繹系統來看待。每一個單個命題充其量不過是對人的行為做出部分的解釋。社會行為能否導致為交換，必須受到兩個條件的限制：「第一，在與他人相互交往時，某人的行為必須取向於能夠達到他自身目的的目標；第二，他必須採取合適的手段以期確實能夠達到這一目的。」

四、符號互動理論

符號互動理論是美國社會學的產物，也是現代美國社會學較有影響的一種理論。符號互動理論研究的主要對象是互動中的個人，而不是個人的人格，也不是社會結構，其重點在於研究互動的性質和過程。對符號互動理論集大成者是米德（G. Mead）。米德強調自我與社會是不能分開的。因此，個人的經驗必須用社會的觀點來理解，而社會是經由

持續的溝通、互動過程形成的。人的姿態、語言、文字都直接或間接影響社會的結構。他將自我（self）分成主觀我（I）和客觀我（me）。所謂主觀我是指自己感到是自己，好像是有意識的我；客觀我好像是社會的我。如果沒有他人的看法，我們根本無法知道自己到底是怎樣的一個人，個人以自己來判斷自己。因此，後來的社會學者將自我命題分為多種主要功能：(1)自我可以用來作為人們形象互動的對象；(2)自我可以用來分析互動時的情境，以作為反應的考慮；(3)自我可以用來判斷自己，也可以用來判斷別人；(4)自我提供人們某種認同，使人們知道自己到底是怎麼樣的一個人。簡言之，自我概念在符號互動理論裡是一種社會的產物，是在人與人之間互動的過程中產生的，它是瞭解個人行為和社會互動的最基本概念之一。

傳播這一理論並將它定名為符號互動的人是布魯默（H. Blumer）。布魯默認為人們在互動過程中並沒有完全依賴彼此行動而反應，是依賴對彼此行為所下的定義的瞭解而反應。他認為傳統社會學理論忽略了個人自我概念的重要性，總是將個人看成一種因素影響下的產品。他說人類社會應被看作包括一群動作中的人，社會的生命包括這群人的行動，行動的單位可以是個人，也可以是團體或組織。社會是由一群相互協調的個人所組成。

綜上所述，我們可以把符號互動理論歸納為以下六點：(1)自我和社會不是分裂的結構，而是人際符號互動的過程。如果人不具備適應符號的能力，那麼自我和社會就會處於一片混亂中；(2)語言是自我形成的主要機制，人和動物的區別在於人能使用這種符號，人際符號互動經由自然語言來實現，人透過語言這一機制認識他人；(3)精神是社會過程的內化，這個內化過程實際是人的自我互動過程。又經由人際互動，學得了有意義的符號，然後用這種符號來進行互動；(4)行為是人在行動過程中自己設計的，並不是人對外界的機械反應，人在符號互動過程中，逐漸學會在社會允許的範圍內行動；(5)一個人的行為受他人關於情境定義

的影響。人關於情境的定義，表現在他不停解釋或定義過程，正是一種符號互動過程；(6)自我有客觀我和主觀我，人既是社會的人，又是具有獨立性的主體。個人創造社會，社會更創造個人。

戈夫曼（E. Golfman）是布魯默的學生，他的戲劇理論是符號互動理論的應用結果。他認為，在日常生活中想要給人印象，就是在別人面前演戲。戈夫曼將人們的行為分為兩種，即前台和後台行為，這一概念也是從戲劇表演中得來的。戲劇表演時，從空間上可劃分為兩個區域，即前台部分和後台部分。戈夫曼認為，前台行為是裝給別人看的那些行為；後台行為則是對方看不到的行為。總之，戈夫曼的戲劇理論是一種以戲劇上的概念和詞句來描述人們的日常行為，他認為人們的日常行動大部分是裝給別人看，希望別人能從個人裝出來的行為來看人。這種裝給別人看的行為是受社會的環境影響而產生的。人們一方面遵照社會規範來裝給別人看，另一方面卻又想脫離社會規範所施予的壓抑，人與人之間的互動都是裝出來的自我。

 # 第三節　社會學與現代社會

現代社會科學也可看作理性化的表徵，因為它即是在此社會理性化過程中逐一浮現的產物，這種理性化態度不僅是一種觀念，也是一種思考方式與生活方式。在現代社會發展過程中，理性化過程牽動了整個社會制度、價值規範與生活態度的重大轉變。影響所及是整體社會的各層面，包括宗教、經濟、法律、政治與文化各領域均趨向理性化，也因理性化而改變原有的面貌。

一、歷史循環論的觀點

　　歷史循環論主張人類社會的變化是簡單的重複循環過程的歷史理論，是一種形而上學的唯心史觀。它認為社會歷史是周而復始地循環發展的，如戰國時期鄒衍的「五德終始」說，把朝代變換看成是土、木、金、火、水五德相繼更替、周而復始的循環。十七世紀末義大利學者維科（G. B. Vico, 1668-1744）的「歷史三階段」說，認為人類歷史經歷了三個階段：神靈時代、英雄時代、凡人時代；也就是神的統治、貴族統治、人民統治。人民統治是歷史發展的頂峰，以後社會將分崩離析，重新開始，循環不已。認為每一文化都有它自己的型態，並有一個發展的過程，就像生物有機體一樣，都要經過青年期、壯年期，以至衰老死亡，文明是最後的階段。

二、世界體系理論的觀點

　　世界體系理論是站在一個總體的角度，將世界體系視為一獨立之社會體系，為研究上的分析單位，從其中將個別之國家視為體系中的次級體系，而來看體系中核心與邊陲之關係，以深入國家發展的現象中。世界體系是大於國家、社會之時空總體所形成的社會體系，它具有一般社會體系的特徵，世界體系不可視為一個政治實體（political entity），毋寧是一個經濟實體（economic entity）。因為其體系中部分之間的連結是以經濟為基礎，在某一程度上，經濟連結將被文化連結所加強；同時，它最終也將被政治連結所加強，形成聯盟之形式。在上述種種情形下，實可認為世界體系就是在世界分工的形式下，核心、半邊陲與邊陲三結構之間所造成的多元國家於其中的經濟體制。因此，世界體系在今日之所以具有全球性的意義，並非是某個統一之政治結構所導致，其

內在結構與動力所導致的各種衝突勢力，是使其擴及全球的主要力量來源，而現代資本主義社會中科技之不斷發展與提升，則使得現代世界體系無遠弗屆，豐富了世界體系之生命力，使得它的擴展更加迅速。

三、依賴理論的觀點

受到全球化的影響，除了世界體系理論之外，尚有依賴理論，它主要在針對拉丁美洲諸國之國家發展提出一套解說。它可彌補發展理論中對邊陲地區之認識不足，指出一邊陲地區在現代化過程或國家發展過程中，所受到核心國家之歷史發展的結構限制。它可以說是二十世紀以來，由拉丁美洲諸國之發展中得到的慘痛經驗所形成之理論。拉丁美洲之社會科學家，如法蘭克（A. G. Frank）、森托斯（T. Dos Sentos）、卡羅洛索（F. H. Caroloso）等人，對其國家長期以來的不對等的貿易條件，工業化之困難以及伴隨而至的政治結構的改變，使得現代化的政策難以付諸實現，同時更發現外國人投資的介入，也產生了令人意想不到的惡果。第一，外人投資的對象是本地中利潤最高的企業；第二，他們從事的也往往是經濟活動中最重要的事項；第三，由於其資本雄厚，對本國之資本流轉有舉足輕重之勢，他們往往會干預課稅政策；第四，他們往往又要求政府制定法律以保障其投資事業；第五，他們往往又以專利權或以西方過時的機器設備阻礙了當地在工業上創新的機會；第六，在當地政府拓展經濟計畫之際，外商往往又不肯合作。這批學者發現低度開發或落後（under-development）只是這一地區的普遍現象，現象背後還隱藏了另一層的意義，即依賴（dependency）。他們成了西方先進國家之附庸，舉國之前途皆與外人發生密切的關係。

四、後發展社會的理論的觀點

後發展社會的理論是關於東方諸國等後發展社會國家的工業化和現代化的理論,主要代表是日本東京大學社會學教授富永健一。工業化和現代化預示著人類社會發展的方向,是人類社會發展變遷的重要過程。而東方諸國等後發展社會國家所以不能較早地實現工業化和現代化,其原因首先在於這些國家沒有爆發過工業革命,沒有發生過科學革命;其次在於這些國家帝王專制統治和不平等克服得較晚;再次是由於缺乏實現工業化和現代化的國民積極性和主動性。正是由於後發展社會的工業化和現代化必須依賴先進國家的輸出和傳播,即依靠傳播發展,引進先進國家的工業化和現代化。與此相對應,後發展社會實現工業化和現代化的過程,就是傳統部門被現代部門所代替的過程,儘管後社會發展國家趕超先進國家具有諸多困難,但在這些後發展社會國家仍具有許多先進國家所不能及的優點,諸如廉價的勞動力、低工資、低成本、人口結構年齡減輕了社會和企業的負擔、家庭穩定、社會安定、國民意識具有較強的一致性、集體主義、愛國主義觀念較強等。

 ## 第四節 現代社會的省思

在邁向二十一世紀的時刻,現代社會生活境遇是什麼?現代社會快速且密集的變遷,例如傳統政經環境的劇烈變革、不同價值文化的衝突抗爭、科技發明的不斷創新等,不僅在例行的生活習慣上,同時也在深層的生活觀念與態度上,都對現代人的日常生活造成相當大的衝擊。亦即正面臨國家競爭力亟待提升、富裕社會的人文關懷、國際化的衝擊,以及個人發展的強烈需求等問題。這些都是現代公民要面對的挑戰。

社會科學概論

一、公民素質亟待提升

　　二十一世紀已經來臨，國際間的動態競爭趨勢愈演愈烈。無論先進國家或開發中國家，均致力於經濟環境的改善與人民素質的提升。而人力素質的持續提高，則有賴於教育機會充分而永續的提供。對於地狹人稠、自然資源有限的台灣社會而言，只有高素養的公民是面對國際競爭的最大依憑。

二、人文關懷有待提升

　　現代社會是建構在現代人的生活過程。現代社會中的成員由過去的臣民嬗變成為公民，所以，公民意識作為對現代社會中公民實際生活過程的反應，是現代社會的主要內容。在物質生活逐漸改變的同時，台灣的社會型態明顯改變。傳統的倫理關係與道德意識式微，現代的倫理觀念與行為規範卻未有效建立，以致社會亂象頻生，人文精神卻漸失落。在社會發展的過程中，如何提振人文精神，實踐人文理想，使物質生活與精神生活並重，社會發展與人文關懷並行，是我國邁向開發國家所面臨的另一項重大挑戰。同時，加強生態保育、注重生活教育、重建社會倫理，以及推展生涯規劃，有賴人文關懷的提升。經濟發展難免側重「物的改善」，人文關懷則強調「人的開展」。物的改善有其極限，人的開展則永無止境。在現代化的過程的同時，不僅要注重物質的改善，也要注重人文的關懷。人文關懷是一種對人類處境與發展前途的深層關心，是一種對理性開展與道德意識的普遍關注，注重人文關懷，將使生活品質更加提升。

三、全球視野邁向國際

　　國際的趨勢是世界性的潮流，世界各地的訊息無遠弗屆。一個互動頻繁、緊密相連的地球村亦正迅速地形成中。全球化社會所帶來的國際化趨勢，著眼的是人與人之間的溝通、國與國之間的溝通，透過文化的認識與瞭解，以加強與其他文化的溝通協調，俾能進一步合作。因此，拓展國際視野是公民素養的重要內容。藉由通信網路的迅速發展，使過去陌生遙遠的事物已大量出現於個人生活，傳達了不同國家或社會的生活方式，使多元文化的世界愈來愈趨一致。對不同文化之間的相互瞭解，已成為現代公民參與社群的基本素養。現代化伴隨著全球化發展趨勢，根據社會學家吉登斯的理論，全球化與時空（time-space）延展有關，因為全球化可以說是時空的延伸作用，能夠將不同社會脈絡或區域連結（connect）成一個橫跨地球表面的整體。由於經濟全球化，所以全世界現在都是在複雜而互相依賴的經濟網絡下緊密聯繫在一起。實際上，距離已經不再是人際溝通與互動的障礙。唯有透過相互瞭解及彼此合作，各國才可能對促進和平及繁榮有所貢獻。因此，每個人應摒棄狹隘的價值觀，敞開心胸，開放視野，邁向國際。隨著經濟的發展、科技的創新、文化的交流、知識的提升以及資訊的發達，使世界各國相互依存的關係日益密切，地球村民休戚相關，利害與共。因此，現代公民必須學習相處與合作的能力。

四、多元文化相互尊重

　　多元文化社會（plural society）通常是指一個社會內包含兩個或更多個社區，這些社區在很多方面（包括：膚色、信仰、禮儀），一些制度性的和習慣性的做法都有所不同，他們的社會行為在很多方面基本上是不

和其他人的社會行為攙雜的；在一個社會裡，其組成部分承認一個總體的政治權威，或受其控制，但是強烈地傾向於保留他們自己的傳統。全球化所指涉的基本內涵為隨著社會發展的擴散，將全球各地區納入國際市場分工體系的過程。全球化所影響的面向不僅限於經濟層面，更擴及政治、社會、文化以及宗教等各領域。全球化的影響不僅使分散於全球各角落的地區，分享更多的共同物質與價值，同時也激發保留與發展區域與地區特色的在地化風潮，與全球化並存，成為當代社會發展的特色。

五、公民意識亟須加強

現代社會的基本素養涵括了現代意識、現代道德和現代智慧。現代意識，是人對現代社會生活條件下的物質世界的主觀反應，其核心是發展價值觀，根本內容是公民意識；現代道德，是現代社會生活中行為的基本規範，主要體現在家庭道德、職業道德、社會公德和生態道德等多個領域裡；現代智慧，是人們在現代社會生活過程中，獲得知識和運用知識解決實際問題時所必須具備的要件，主要包含著健康智慧、情感智慧和認知智慧。在社會開放之後，個人所面臨的是能夠認識自己，瞭解自己，掌握自己的命運，決定自己的發展，使自己與社會同時進步。因此，社會必須提供激發個人潛能的環境，給予每個人有學習基本生活能力的機會，進而參與社會生活；另一項重要的挑戰是個人自我實現與調適的問題。社會的民主開放，使個人的價值得到肯定，每個人要活得自在、有尊嚴、有價值，在人生的每一階段都要有充分的發展，秉持自主獨立的精神，才能建立合宜的人生價值觀。社會開放以後，自我發展與自我實現的能力更需加強，才能使個人在生涯發展的過程中，獲得應有的知識、技能與態度，開展職業知能，以適應不斷變遷的社會生活，扮演適當的社會角色，創發圓融的人生。

全球化為當代社會的發展趨勢，此一趨勢使國家的疆界、空間和

距離消失，而這種改變使得心理、社會、經濟和政治都無法再偏居於一隅。是以全球化邊界瓦解後，個體將全然面對風險卻不知所措的尷尬事實。當人類既有的疆界因工業化、自由化而瓦解，卻又要自我承擔其中所有的不確定性時，社會風險的滋生就在社會中展開。全球化對人類生活的重要影響之一，即是解除了空間對人的限制，無論身處於地球的任何角落，幾乎都可以同步知道地球的另一端所發生的事情，人於人間的溝通與資訊的交換可以更即時與直接，不同人群間的相互依賴也更密切，頻繁的溝通與即時的資訊交換促成多元文化的產生，現代社會不再是以某一個單一的系統為中心，而是各個系統有各自的運作邏輯及操作方式，分化及多元成為社會的主要特徵，各項生活領域彼此獨立，沒有一個生活領域可以完全控制其他生活領域的運行。然而面對新的數位化發展趨勢，企業經營方式一定要有許多調整，對於資訊風險建立一套安全的管理機制，把風險降到最低，適應數位時代不斷改變的環境，求取最大的利益。

問題與討論

一、請說明社會學和其他社會學科相比，有哪些比較突出的特點。

二、請說明結構功能理論的主要內涵。

三、請說明社會交換理論的主要內涵。

四、請說明符號互動理論的主要內涵。

五、請說明世界體系理論的觀點。

六、請說明依賴理論的觀點。

七、請說明社會學對於現代社會的省思的基本觀點。

Chapter 10

經濟學概要

社會科學概論

隨著資訊科技日新月異而發展的經濟全球化現象，全球化時代是一個「無國界的世界」，影響著每位民眾的經濟行為。經濟學是研究社會物質資料的生產、交換、分配、消費等經濟關係和經濟活動規律的科學。西方著名的社會思想家馬克思認為，人類一切的活動皆建構在經濟的基礎上，並以經濟史觀看待整體社會的變遷，足見經濟學的重要性。

 第一節　經濟學的主要思潮

一、經濟學派的緣起

經濟學是一門具有悠久歷史的社會科學，早在古希臘時代，即已有粗略的經濟著作，其中提出了物品有使用和交換兩種功用，認為貨幣可以成為財富的積累手段，瞭解了商品價格的波動是依存於供給和需求的變化。柏拉圖（Plato）在《理想國》（*The Republic*）和《法律論》（*The Laws*）中，肯定了社會分工的必然性，農業應成為理想國的經濟基礎，同時還意識到貨幣可以作為價值尺度和流通手段。亞里士多德（Aristotle）還在商品的價值表現中發現了等同關係。至於東方的中國，早在西周以前，就有神農氏用耕耕之教利天下的「農皇」傳說。在漫長的社會中，從孔子、墨子、孟子、管子、商鞅、荀卿到桑弘羊、陸贄、王安石、王夫之等著名思想家、政治家，對發展農業、手工業、商業都提出了許多很好的見解和主張，對貨幣、價格、稅收、財政、分配、消費等方面，從理論上也進行了一些探討，提出了經濟的觀點。

經濟學成為一門獨立的社會科學，是源於十五世紀末到十七世紀中葉，出現了重商主義學說，馬克思稱重商主義是「對現代生產方式最早的理論性探討」。

172

　　從十七世紀中葉到十九世紀初，古典經濟學產生。古典經濟學的代表人物是英國的威廉‧柏弟（W. Petty, 1623-1687）和法國的重農學派，特別是英國的亞當‧史密斯和大衛‧李嘉圖（D. Ricardo, 1772-1823），讓古典經濟學又有了新的發展。柏弟最先提出了勞動價值論的一些最基本的命題，認識到商品的價值由生產它所耗費的勞動所決定，商品交換就是以它們所包含的勞動量為依據。重農學派的論述，從維護農業的立場出發，提出了只有農業才能真正增加財富。亞當‧史密斯拋棄了重商主義者和重農主義者所持的只有對外貿易和農業才能創造財富的偏見，強調勞動分工、區分使用價值和交換價值、區分生產勞動和非生產勞動，以及對利潤、地租等對經濟的貢獻。大衛‧李嘉圖進一步發展了史密斯的關於勞動價值的理論。

　　十八世紀末和十九世紀初，法國的聖西門和傅立葉（F. M. C. Fourier）、英國的歐文（R. Owen）等，運用政治經濟學理論剖析當時的社會及經濟環境，並且對資本主義制度做了尖銳和無情的批判，論證了資本主義必然為社會主義所代替。一八三○、一八四○年代，馬克思、恩格斯（F. Engels, 1820-1895）詳盡地闡明了在資本主義制度發展過程中，資產階級和無產階級之間的剝削和被剝削的關係。

二、經濟學的變革

　　新制度學派於十九世紀末和二十世紀初首先在美國產生，到一九二○年代和三○年代在美國廣泛傳播，五○年代有了很大的發展。新制度學派在西方中獨樹一幟，它既反對後凱恩斯主義各派，又反對貨幣主義、自由主義各派，具有以下幾個特點：一是把經濟學的研究對象確定為制度，在進行考察時，都假定制度是肯定的，然後在既定制度下，對經濟變量（總量或個量）進行分析，制度一方面是指各種有形的機構和組織，如公司、工會、國家、家庭等，另一方面也指無形的制度，如所

有權、集團行為、社會習俗、生活方式、社會意識類型等，二是用演進的、整體的方法來研究制度問題。

約翰·梅德納·凱恩斯（J. M. Keynes, 1883-1946）是二十世紀西方一位著名經濟學家，在一九三六年出版了《就業、利息和貨幣通論》（*The General Theory of Employment, Interest, and Money*）一書，在這部著作中，他系統地提出了被人們命名為「凱恩斯主義」的經濟理論。經濟學界認為這是一場重大的變革，主要包括三個部分：

(一)理論上的變革

在凱恩斯以前，傳統派的理論歸納起來就是一句話：經濟是和諧的，制度是完美的。其根據有兩項律則：一是薩伊定律，認為供給能夠自己創造需求，賣就是買，買就是賣，這樣就不會產生經濟危機；另一是利息率自行調節，認為通過利息率的升降，社會的儲蓄和投資可以自動趨於平衡，不會發生持久的儲蓄大於或小於投資的情形。凱恩斯在理論上的「革命」，就是把這種傳統的觀點打破了，他認為資本主義經濟是不和諧的，是有缺陷的，經常存在失業和生產過剩。

(二)政策上的變革

傳統經濟學的觀點認為，經濟是和諧的，制度是完美的，國家干預是不必要的，提出經濟自由主義政策。凱恩斯既然從理論上論證了有效需求不足，失業和生產過剩是經常存在的，因此在政策上就把經濟自由主義否定了。他提出了國家干預的主張，即用宏觀財政政策和宏觀貨幣政策對經濟進行干預，進行需求管理。所謂需求管理，就是在短期的、供給不變的情況下，經由調節需求來調節經濟。

(三)方法上的變革

傳統學派主要進行微觀經濟分析，認為既然整個資本主義經濟是和諧的，因此經濟學的研究重點應該是企業的經濟活動，研究市場商品供求關係，研究價格如何確定，利潤如何取得等。凱恩斯與之不同，他認為經濟是需要國家進行干預，於是採取的是宏觀經濟分析方法。

新古典經濟學是指以馬歇爾（A. Marshall, 1842-1924） 為代表的邊際效用學派和以凱恩斯為代表的劍橋學派的經濟理論。新古典經濟學在理論上把資源可以得到充分利用（即充分就業）作為基本前提，來論證資源配置問題，其中心是均衡價格理論，它的內容即現在所說的微觀經濟學。在研究方法上，新古典經濟學用的是均衡分析法，即經由對局部和一般均衡的形成與變動的分析來解釋經濟的運行。在政策方面，則主張自由放任的經濟政策，以解釋私人經濟活動和政府公有經濟活動同時並存的混合經濟的各種問題，並力圖把宏觀經濟政策和微觀經濟政策結合在一起，以解決經濟的問題。

貨幣主義是一九七〇年代以來國際經濟的主要理論，貨幣主義的產生和發展，被認為是一場對抗凱恩斯主義的革命。由於六〇年代後半期，凱恩斯主義不靈了，經濟中出現了衰退、大量失業和劇烈的通貨膨脹的局面，這是凱恩斯主義無法解釋的。為了能解釋和克服經濟不景氣現象，貨幣主義在這種情況下產生了。貨幣主義的倡導者是美國芝加哥大學的教授米爾頓·傅利曼（M. Friedman），因此有人稱貨幣主義為傅利曼主義。貨幣主義的中心命題是：(1)貨幣最重要，貨幣的推動力是說明產量、就業和物價變化的最主要因素；(2)貨幣存量（或者說貨幣供應量）的變動是貨幣推動力的最可靠的測量標準；(3)貨幣主管當局的行為支配著經濟周期中貨幣存量的變動，因而通貨膨脹、經濟蕭條或經濟增長都可以運用對貨幣供應的管理來加以調節。貨幣主義的政策主張：重新強調自由放任的經濟思想，實行單一規則的貨幣政策，推行所得稅方

案等。

 第二節　經濟學的主要領域

經濟學的研究領域可分析如下：

1.經濟史：中國經濟史、西洋經濟史、東亞經濟史、其他地區經濟史。

2.經濟思想史：中國經濟思想史、西洋經濟思想史。

3.經濟理論：總體經濟理論、個體經濟理論。

4.數理經濟：靜態分析、動態分析、數理規劃、計量理論、不確定分析、一般均衡分析、資訊理論。

5.計量經濟：計量經濟方法、計量經濟實證、經濟模型建立法、最適控制理論、經濟預測。

6.經濟發展：經濟發展理論、經濟發展政策、經濟計畫、經濟循環、個別國家經濟發展。

7.國際經濟：國際貿易理論、國際貿易政策、國際經濟組合、國際收支理論、國際貨幣制度、國際投資（多國籍公司）、國際援助。

8.區域經濟：區域成長理論、區位理論、區域分析法、區域計畫、資源調配、空間定價、區域發展與政策。

9.公共經濟：預算、公庫調度、公共建設、公共選擇、公營事業、地方財政、租稅理論、租稅行政、財政政策。

10.貨幣與金融：貨幣需求、貨幣供給與貨幣政策、貨幣與總體經濟、銀行理論、資本、貨幣與債券市場、資本市場、外匯市場、金融制度。

11.管理經濟：管理決策、財務管理、定價政策、生產與品管、廣

告與行銷。

12. 農業經濟：生產經濟學與農業經營管理、農業合作與推廣、農業運銷及市場組織、農業金融、農業價格、農業發展與政策、水土資源、鄉村社區。

13. 工業經濟：工業組織與市場結構、政府管制及其影響、技術、創新、研究與發展、礦業、能源業、製造業、營造業、公用事業。

14. 資源經濟：土地資源經濟、海洋資源經濟、農業資源經濟、林業資源經濟、漁業資源經濟、礦業資源經濟、能源資源經濟、自然資源維護與保存、自然生態環境之污染與公共政策、資源開發與國際合作。

15. 環境經濟：環境經濟理論、都市環境與鄉村環境、景觀設計、環境維護、環境規劃與評估。

16. 都市經濟：住宅經濟、都市計畫、都市發展與政策、公共設施、都市管理、都市財政、都市經濟預測。

17. 運輸經濟：都市運輸、鐵路運輸、公路運輸、航空運輸、水路運輸、運銷管理、運輸規劃、運輸管理、運輸政策、運輸計畫評估。

18. 人口經濟：一般人口研究及人口理論、人口特徵、人口分布與遷徙、人口增長因素及趨勢、婚姻與家庭、人口經濟及自然資源、人口政策、人力資源規劃、歷史人口學。

19. 勞工經濟：就業安全、職業訓練、勞動基準、職業安全與衛生、勞工保險與福利、勞資關係與爭議處理、勞工組織、國際勞工。

20. 經濟統計：國民會計、產業關聯、資金流量、社會福利指標。

 第三節　經濟學的基本議題

一、機會成本

從資源有限因而必須進行選擇這樣的前提出發，經濟學面臨一個「魚與熊掌，不可兼得」的問題，也就是面臨取捨（trade-off）的問題。這裡關係到一個重要的經濟學觀念——機會成本（opportunity costs）。例如，當高中畢業時，會面臨升學還是就業的選擇問題，如果選擇讀大學，則必須花費四年的時間、精力和學費等有形無形的成本，然而這些直接的成本並非考量是否升學的真正關鍵，因為經濟學家認為：升學可能犧牲掉的「機會成本」，即如不去就讀大學而直接就業，其間所賺取的所得，這個因為升學而可能會犧牲掉的利益就是「機會成本」。當然，假若選擇就業，也會面臨另外的機會成本，即喪失讀大學所可能帶來的利益。理性的經濟人會在這兩個機會成本中對自己進行最有利的取捨。機會成本代表了一個極為重要的經濟原則——天下沒有白吃的午餐，任何抉擇有所得必有所失。正是因為如此，才會產生經濟問題，經濟學才有成立的可能。

二、供給與需求

在前面的經濟學的定義中，曾指出經濟行為是為了進行生產與消費，這裡就涉及到供給與需求的問題。當我們欲消費某一產品時，這是表示我們對這種產品有需求，因此這個社會的商人就會供給這一產品給我們，以滿足我們的需求。當然，商人不會平白無故將產品供給出來，

我們必須付出一定的金錢成本。因此，在現實的經濟活動中，生產與消費、供給與需求、買與賣是相互關聯在一起的，把它們關聯起來的就是「供需原理」（均衡點）。

三、市場經濟與價格機能

上述的供需模型是經濟學原理的基礎。可以瞭解的是，這個模型必須被安置在一個自由交易的市場制度中才有可能；亦即，這裡預設了一個「市場經濟」（marker economy）制度的存在，在這個體制讓經濟行為者具有就業的自由和消費選擇的自由，而且經由法律保障人民的財產權和交易自由。

與市場經濟對立的是中央計畫經濟，在這樣的體制中，產品的價格與數量均由政府訂定，如此一來，供需模型就消失了。然而，在市場經濟中就不同了，由於人類的理性自利的行為方式，自己會在競爭中去尋找自己的最佳利益，如此就會使得供給和需求雙方面均會拒絕買入，使得產品賣不出去，若買方要求的價格太低，則賣方會因為少賺或賠本而拒絕賣出。因此，最後雙方總會在均衡價格和數量的地方達成交易，這就是「價格機能」或稱「市場機能」。只要在市場經濟制度能夠順利運作的地方，任何產品的生產均無法擺脫市場機能的控制。在此觀點下，透顯了經濟思考的一個重要信念，亦即減少政府的管制與干預，讓市場機能發揮作用，是解決經濟問題的重要法門。許多經濟學家均同意，市場經濟的順利運作，不僅尊重每個個體的選擇的自由，讓其能力能夠發揮，而且可以在市場機能的調節下，使得社會中最基本的經濟問題：生產什麼、如何生產，和為誰生產，得到適切的解決，達成最佳的資源配置，亦即最佳的選擇。

四、市場失靈與外部效果

當然前述的市場運作的模型，只是指一種完美的狀態。經濟學家也體認到現實世界時常無法達成這樣的狀態，有時候自由放任反而造成「市場失靈」的後果。例如當市場自然形成獨占時，這家獨占廠商就有控制價格的可能，而造成無效率的情況；有時市場供給過多，需求卻未能相應地開展出來，有時貨幣因素會影響正常的市場運作等。一九二九年的經濟大恐慌，正是市場失靈的具體例證。

除了上述這些因素之外，外部效果也是造成市場失靈的重要原因。在供需模型的設計下，要達成資源的最佳配置，就必須假定生產和消費的過程中沒有產生外部效果（external effect），亦即沒有造成一些利益不能歸自己享受，以及一些成本不必自行負責。例如工廠製造環境污染，就是將不良成本加諸社會的一種外部效果；另外，發明藥品造福人群是產生好的外部效果的例子。最明顯具有外部效果的產品就是公共財，因為公共財本身具有共享和無排他性的特質，例如國防和治安均是明顯的例子。

正因為市場失靈和外部效果，使得政府介入經濟活動有了較正當的理由，凱恩斯經濟學和總體經濟學也因此而生。當然，政府干預經濟事務的範圍應有多大，直到今天仍是經濟學家爭論不休的話題。

五、人類的欲望

人類有種種欲望，而以生存欲望最為強烈。所謂生存欲望不但要維持生存，且要改善生存。這個生存欲望乃是人類活動的動力。人類對其日常生活，一方面常感不足，同時又要求滿足。感覺不足謂之欲，要求滿足謂之望。欲望的成立乃有兩個條件，一是客觀上該財貨是有限的；

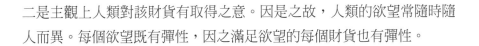

二是主觀上人類對該財貨有取得之意。因是之故，人類的欲望常隨時隨人而異。每個欲望既有彈性，因之滿足欲望的每個財貨也有彈性。

1. 凡彈性極弱的財貨，例如米麥，縱令價格下落，人們對它的需要卻不會因之增加。價格高漲，人們對它的需要亦不會因之減少。即在一定期間內，人們需要米麥的分量是一定的，不會忽而增加，忽而減少。所以米麥是缺乏彈性的財貨，即彈性極弱的財貨。米麥既然缺乏彈性，故遇到豐年，供給增加，而需要不增，價格便見慘跌；遇到災荒，供給減少，而需要不減，價格便見騰貴。

2. 凡彈性極強之財貨，例如奢侈品，價格稍跌，人們對其需要必因之增加；價格稍漲，人們對其需要又必因之減少，即人們需要奢侈品的分量是會變化的。所以奢侈品是富有彈性的財貨，即彈性極強的財貨。

六、財貨的效用

人類要滿足其維持生存、改善生存的欲望，必須取得外界的財貨而利用之。這個滿足人類欲望的財貨，在經濟學上，須具有下述各種性質：

(一)存在於外界

五官四肢固然是人類維持生存所必要，但它們附著於人體之上，非存在於外界；知識技能固然也是人類維持生存所必要，但它構成人格的一部，亦非存在於外界，故均不是經濟上的財貨。

(二)稀少的

凡物取之不盡，用之不竭，例如空氣之類，雖然對於吾人極為需要，但吾人對之無不足之感，那就對之不會發生滿足之念。人類對於財貨所以發生欲望，必以財貨數量稀少為前提。因為數量稀少，取得時須用勞力。因為須用勞力，該種財貨才視為珍奇可貴，令人發生患得患失之心。

(三)可以占有

凡物不能占為己有者，例如天上明星，吾人對之絕無占有之念，因之吾人對之不會發生欲望。欲望的發生須以財貨可以占有為前提。因為可以占有，而後人們才肯利用勞力以取得。倘若絕對不占有，則人類將因絕望而不發生任何欲望。

(四)可以直接滿足人類的欲望

一塊頑石、一撮泥土，不能滿足吾人任何欲望，當然不能成為經濟上的財貨。別人的勞力固然可使人們取得財貨，以滿足欲望，但它只是取得財貨的手段，不是財貨本身。換言之，它只能間接滿足欲望，不能直接滿足欲望，故不是經濟上的財貨。舉例言之，吾人需要教師的勞力，但教師的勞力不能直接滿足吾人的欲望，直接滿足吾人欲望的，乃是教師的知識。所以教師的勞力在經濟上不是財貨，而只是取得財貨的手段。

人類取得財貨的目的在於滿足欲望。凡財貨具有滿足人類欲望的能力者，叫作效用。米飯可以充飢，即有充飢的效用。吾人所以要取得米飯，就是因為米飯有充飢的效用，而能滿足吾人的食欲。

財貨之有效用，客觀上固然因為該財貨具有普通物理的或化學的性

質,同時主觀上尚需人類有了某種欲望,而該財貨的性質又恰恰能夠滿足這個欲望。茶能解渴,解渴是茶之效用,但茶對於口渴的人,效用特大,對於不渴的人效用殊小。

所以一種財貨的效用常隨該財貨的性質及人類欲望的強弱發生變化,例如:(1)財貨的性質不變,若人類的欲望強烈,則該財貨的效用可因之增加;若人類的欲望降低,則該財貨的效用可因之減少;(2)人類的欲望不變,而財貨的性質發生變化,則該財貨的效用可隨之增加或減少;(3)人類的欲望及財貨的性質同時變化,則該財貨的效用,更將隨之發生變化。由此可知效用不是固定於財貨之中,而是與欲望配合,而發生變化。

七、價值

吾人有需用財貨的欲望,財貨有滿足吾人欲望的效能。但財貨並不是取之不盡、用之不竭,一旦缺乏,吾人欲望的一部或全部就不能滿足。財貨之於吾人,其重要由此可知。吾人既然感覺財貨的重要,就評定其重要程度;而評定所得的結果,叫作價值。重要性大者,其價值大;重要性小者,其價值小。價值可分為兩種,一種叫作使用價值,另一種叫作交換價值。

(一)使用價值

財貨對於吾人之效用。水能解渴,茶亦能解渴,故水及茶均有使用價值。但茶的解渴力大過水的解渴,故就解渴言之,茶的價值比水大。凡物對於吾人沒有效用者,吾人對之,不會發生需用的欲望,因之吾人之視該物,就認為沒有使用價值。

(二) 交換價值

即一個財貨與別個財貨交換的比率。使用價值是發生於物之物理的
及化學的性質,而交換價值則決定於兩物相比;兩物相比又由各人對該
財貨所評定的重要性決定之。經濟學所討論的價值是限於交換價值。交
換價值固以使用價值爲基礎,而交換價值之大小卻不以使用價值之大小
爲標準。水之效用極大,而難交換他物(即水之使用價值極大,而其交
換價值極小),寶石之效用極小,而能交換無數財貨。原因安在?這是
價值論所要討論的問題。

 第四節　現代經濟制度特質

人類歷史上經濟生活分爲三個階段:第一是農業經濟時代,土地是
生產最重要的資材。第二是工業經濟時代,從十八世紀中葉開始,資本
成爲生產的資材。第三是二十一世紀來臨的知識經濟時代,「知識」成
爲生產的主要資材,因此,創造知識的人才成爲最重要的生產資材。現
代經濟制度有多種特質,茲簡述如下:

一、私有財產制度

人類沒有私有財產,絕不會努力去求財貨。今日一切生產工具不
問土地或資本均歸屬於所有主,所有主或爲個人或爲團體,而以個人爲
多。這種制度稱爲私有財產制度。私有財產制度以所有權及繼承權爲基
礎。所有權是謂所有主對其所有物有自由使用收益及處分的權,除法律
有限制外,任誰都不得干涉。繼承權是謂所有主死亡時,其親屬尤其是
直系血親卑親屬有繼承遺產的權。所有主又得用遺囑,將其財產贈與別

人或團體。總之，私有財產制度是將財產之絕對的支配權委由個人自由處理。

二、商品生產

商品生產由來已久，而其盛行則莫過於現代。在現代，一切生產物都是商品生產，商品不是單純的貨物，須將貨物運到市場，再由市場賣給消費者的，才是商品。生產者為自己的需要而生產的貨物不是商品。農民耕種、收穫，將所收穫的麥，磨成粉末，製造麵包，供給自己一家人食用，這些麵包絕不能稱為商品；只有為市場而生產麵包，即把麵包賣給別人，而後才成為商品。在現代社會，一切生產物都是為市場而生產，任何工廠的生產物都不是供給廠主自己一家之用，所以一切生產物都是商品。商品生產必以私有財產制度為前提，因為商品生產既以賣給別人為目的，則生產者對其生產的貨物，從而對於生產貨物的生產工具，如工廠、機器、燃料、原料等，便非私有不可。人類對其生產的貨物若沒有所有權，絕不肯努力生產。有了私有財產制度，人類對於財產就發生興趣，而願努力求之。

三、自由競爭

現代社會除觸犯法律之外，各人為營利之故，有行動的自由，而發生自由競爭。主要的原因，一是擇業自由，即不論何種職業，各人均得依法自由選擇；二是營業自由，即各人得依法在任何地區，創辦任何企業而自由經營；三是契約自由，即各人為營利之故，除法律有禁止之外，得與任何人訂立任何契約。各人在經濟上均有行動的自由，就免不了競爭，因為有了競爭，於是技術提升了，物價低廉了，社會也進步了。但是同時也逐漸發生了流弊，自由競爭可使大部分人破產，小部分

人大獲其利。破產的人不能不賣去生產工具,淪爲貧民階級。獲利的人則可擴充其工廠,裝置新機器,僱用更多的自由勞工,而成爲富豪。如斯進行下去,國家若不設法矯正,則各種社會問題,如貧窮問題、失業問題、犯罪問題,尤其勞資紛爭問題,就發生了。

四、自由勞工

大多數人民如何維持生計?他們迫不得已,只有在工廠做工,賺取工資以維持生活。但是他們又與古代的奴隸及中世紀的農奴不同,奴隸及農奴乃是所有主的所有物,所有主對於奴隸及農奴有生殺與奪之權,奴隸及農奴無異於所有主的動產。工資勞動者有獨立的人格而爲自由的人,他們只賣其勞動力,未曾賣其身體。他們於法律上是與資本家站在平等的地位,依自由意志,訂立雇傭契約,而後到工廠做工,所以工資勞動者亦稱爲自由勞工。但是勞動力不能離開身體而存在,賣出勞動力,就要賣出身體。勞資雙方勢力不同:在資方,若不同意勞工提出的條件,尚可僱用別人;在勞方,若不同意資方提出的條件,就無工可做,而得不到生活資料。在如斯生活壓迫之下,他們除簽字於契約之上,尚有什麼方法?所以自由勞工的自由也不過虛有其名而已。

五、貨幣經濟

分工愈細密,交換愈複雜,而貨幣則爲其媒介。倘若沒有貨幣,則米麥要與布疋交換,皮球與鉛筆交換,殆不可能。因爲有布疋的人未必需要米麥,有鉛筆的人未必需要皮球。有了貨幣,而後米麥、布疋、皮球、鉛筆就可由貨幣表示其價格,彼此之間可先換得貨幣,而後再用貨幣換取別的物品。所以,現代經濟是以貨幣爲基礎,這稱爲貨幣經濟。在貨幣經濟之下,人們所要求的不是財貨數量的增加,而是貨幣數量的

增加，但是財貨數量與貨幣數量又往往不能一致，例如紡織工廠出品太多，則布價下跌，下跌過甚，且有虧本之虞，由是廠主常限制生產以維持價值。由社會福利觀之，生產務求其多，由貨幣經濟觀之，生產有時乃不厭其少。社會福利與貨幣經濟不能一致，這又是現代社會的缺點。

今日個人要維持其生活，必須參加生產，有勞力者出勞力，有資本者出資本，有土地者出土地。但一人之力必不能生產一切財貨，以滿足各種欲望，於是就發生了交換，而交換的行為則為買賣。在自由競爭的社會，買賣能否成立，完全以價格之廉貴為標準，買者務求其廉，賣者務求其貴，互相競爭，價格就決定於供需關係。而供需關係所決定的價格又可以調整供給及需要的數量，使自由競爭有了一定法則。各人既然參加生產，則各人對其所增加或創造的價值，自宜得到一定的分配。惟在自由競爭時代，各人所得的分配又未必依各人貢獻的大小，而是依供需關係。勞力之供給少而需要多，則工資高；反之則低。資本的利息，土地的地租亦然。即分配亦由供需關係而有一定法則。

經濟就其字義為「經世濟民之學」，也有學者強調的是「理性選擇的科學」。簡易而言，「經濟」通常指的是個人與社會中的經濟行為，這包括日常生活的生產、消費、休閒、工作、儲蓄、貸款，與政府決策等。日常生活的經濟行為的選擇過程，就涉及人們主觀上對於「政治權力」的接納或拒絕的態度，或者客觀上觀察「政治權力」介入經濟的程度。韋伯的《經濟與社會》一書認為，在西方社會，經濟的歷史發展脈絡體現為從傳統經濟行動向理性經濟行動的演化，市場的產生是其中一個極為關鍵的決定性因素。一方面，市場的產生導致了相互的且間斷的市場交易關係，而交易意味著進行財富或機會交換的代理人在平等的基礎上達成妥協。另一方面，市場的產生導致了交易的連續性，因為從事交易的人預期其他人在類似的情況下，也會進行交易活動，而走上了制度化的軌道，一切和經濟有關的環境因素逐漸被納入用市場上的貨幣價格計算的範圍，理性經濟行動就此得以呈現。韋伯認為理性經濟行動具

有以下特徵：(1)經濟行動者有計畫地分配他一切可運用的現有與未來的資源；(2)他同時還能把資源按其重要性的順序分配於不同的用途；(3)在經濟行動者本身擁有必要生產工具的支配權時，他能以有計畫的生產方式獲得利潤；(4)當事者可以有計畫地通過結社的手段，取得對有限資源的共同支配權。

　　奧地利經濟學家熊彼得（J. A. Schumpeter, 1883-1950）進一步強調建立經濟制度的重要性，特別必須標舉企業家精神（entrepreneurship）在經濟生產中的特殊性。總體而言，對於經濟本身或社會經濟制度的強調，是在一個自由主義的民主意識型態下的產物，而資本主義社會制度的私有財產權制，正是讓經濟上的交換與生產能夠順利進行的保證。是以，經濟思維成爲現代社會的寫照。

問題與討論

一、請說明亞當‧史密斯《國富論》的主要內涵。

二、請說明馬克思其主要代表作《資本論》的主要內涵。

三、請說明凱恩斯經濟觀點的主要內涵。

四、請說明機會成本的主要意涵。

五、請說明市場失靈與外部效果的主要意涵。

六、請說明市場經濟與價格機能的主要意涵。

七、現代經濟制度有多種特質，請簡述其主要意涵。

Chapter 11

政治學概要

　　由於政治是管理眾人之事，且與個人權利義務息息相關，因此不僅爲現代社會的政府所關注，亦爲人民所關心，成爲社會科學中重要的課題。一九四○年著名的政治學家拉斯維爾便爲政治做了明確的界定，其認爲：「政治是一種過程，一種行動，也是人類爲社會生活而表現的一種行爲方式。政治的過程是決定了某些人可取得某些事務的過程。由於人有需要、欲望、期待，然而滿足需要的資源，卻是有限。因此，每個社會必須建構如何分配利益的方法，這分配的過程就是政治。」

 # 第一節　政治學的發展脈絡

　　當人類邁向二十一世紀，「四 I」成爲社群發展的特徵：產業（industry）、投資（investment）、個人（individual）、資訊（information），而全球化的趨勢加緊在國界內外流通無阻，曾經適合十九世紀的思維及主張勢將難以爲繼，促使社會科學展現新內涵。

一、發展脈絡

　　就如同其他社會科學一般，政治學是源遠流長，追溯其發展脈絡，約可分爲五個主要階段，如**表11-1**所示。

(一)社會科學觀點

　　根據行政院研考會出版的《社會科學分類之研究》中強調，政治學的研究領域可分析如**表11-2**所示。

表11-1　政治學的主要發展階段

階　段	時　間	內　涵
古期時期	一八五〇年以前	在古期時期對政治的研究，傾向以規範、演繹為方法，他們絕大多數只關心評價政治的標準之探討。換言之，關切「應然」的問題，而不重視政治的「實然」問題。也因此，早期的政治學很難與道德哲學區分。
制度時期	一八五〇至一九〇〇	開始採用歷史研究法和比較研究法，焦點集中於法律及制度。此一階段的政治學主要是描述當時的政治制度與過程，以法律文件與憲法規約為主要的資料基礎，是以各國的政府制度及過程為研究對象。然而在方法上主要仍屬描述性，把重點放在描述政府制度典章問題。
過渡時期	一九〇一至一九五〇	政治學家開始正視到觀察、調查和測量方法可應用於研究政治現象。同時，由於社會科學其他學門的發展，使政治學者感覺到可借用心理學、社會學、人類學等學門的知識來重新思考政治問題。採用科學方法運用到政治學的研究中。這些學者努力的結果，就造成了所謂的行為主義運動。
行為時期	一九五一至一九六九	特徵是政治研究愈來愈倚重於人類行為的變項，強調個人行為是政治研究的分析單位，採用實證的測量方法探討政治活動，並開始追求普遍性的經驗理論，希望建立更精確、更客觀的政治學。政治學最終可更近似於一門科學，能夠進行預測和解釋。政治學的目標是建構有系統、經驗的理論。
後行為時期	一九七〇年以後	後行為主義者並不排斥科學方法或行為時期的成就，而是補充行為主義在發展過程中出現的偏差。質言之，後行為主義者所修正的，不在於探討問題的研究途徑及方法，而是在研究取向上採取更寬廣的視野。

資料來源：作者整理。

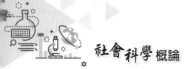
社會科學概論

表11-2 政治學的研究領域

項 目	内 涵
政治理論	政治哲學、中國政治思想史、西洋政治思想史、意識型態研究、規範政治理論、經驗政治理論。
政府與政治	中國古代政治制度史、中央政府與政治、地方政府與政治、政黨與利益團體、選舉與投票行為、中共研究。
比較政府與政治	各國政治制度、各國政黨與利益團體、各國選舉與投票行為、政治發展。
公共行政	比較行政、行政發展、組織理論與行為、行政管理（含機關管理、人事管理）、行政法、公共政策與評估、市政研究。
國際政治	國際關係、國際組織、國際公法、外交政策、外交史。

資料來源：作者整理。

(二)行為科學觀點

自行為時期以降，政治學的研究受到行為主義的影響，使政治學在探討政治現象中，著重於下列幾項主要的領域：

1. 心理研究：此種研究途徑是借用心理學和社會學的概念，來研究人類的政治行為。其探討的方向又可再分為：
   (1)對政治習性（態度、意見、價值等）的研究。
   (2)學習理論：利用心理學的學習理論，來研究政治行為的形成，也就是政治社會化的研究。
   (3)人格理論：此研究重視人格特質對政治行為的影響。
2. 意向研究：此種研究途徑基本假定「政治行為是有目的的，因此若我們掌握政治行動者的意向，將能發展出解釋及預測其政治行為的理論」。
3. 角色研究：此研究途徑主張「如果政治行動者擔任某一角色，則大家對該角色的要求與期望，多半決定了行動者的政治行為」。
4. 團體研究：此種研究途徑重視人類在團體中的行為，視團體為共

同利益的人所組織，透過互動而追求政治目標。

5.功能研究：把政治現象視爲有系統的行動，而探討各部分之間的互動關係，特別強調維持系統運作的功能部分。

6.溝通研究：是重視政治系統傳遞資訊並產生反應的能力，認爲政治系統也是一種溝通系統。

7.權力研究：從權力概念出發來探討政治現象，並發展出理論。

8.精英研究：一切政治系統，不論其形式爲何，都包含統治者與被治者，因此政治研究必須以政治精英爲研究的重心。

9.政治發展研究：希望從動態的觀點來觀察不同政治系統在發展過程中所面臨的種種問題。

10.政治文化研究：強調政治行爲不能忽視政治系統內成員對政治行爲和政治評價的主觀取向。

 ## 第二節　政治學的內涵

一、現代化政治的特徵

現代政治制度具有下列特性：

1.良好的法律結構，將公眾意志化爲可以預期，並符合基本政治制度的行動。

2.保障公眾參與政治過程的機會，並在參與過程中發揮瞭解、責任、合理性等，和公眾意志結合起來，再根據平等及正義原則，付諸實施。

二、行政制度的現代化

政治制度的履行是要靠行政措施加以配合，因此在推動政治現代化的同時，行政制度的現代化亦有其重要性，其基本的原則為：

1. 行政無法和文化背景分離，整個社會結構都牽涉到政府行政。
2. 一國之中必須有良好的憲政體制，分配國家權力，使行政權責有適當的疆域。
3. 社會必須安定，沒有戰爭及革命，免除現代化的阻力。
4. 社會結構中的其他制度要有良好的功能。
5. 大學必須能夠培養行政人才。
6. 大眾傳播必須有制衡官吏權力的力量。
7. 人民必須能夠經由司法制度申訴冤情。
8. 經濟發展程度應高到使政府工作不再有社會福利的功能。
9. 政府公職必須和其他職業競爭，任用優秀人才。

三、政治參與的情形

現代社會的人民積極參與政治，以尋求權益的保障與落實。人民積極參與政治的原因，是由於都市勞動力的增長。工業化產生雄厚的勞動力，工人自然需要組成工會，保護本身的利益。即使工會受政府的控制，這種發展仍然可能，因為提高工資和改善工作條件，是員工的共同期望。

現代化程度的不均勻，也是促進人民積極參與政治的重要因素。即使一個國家施行計畫經濟，某些地區、某些社會階級及種族團體，所得到的教育及企業機會，仍較其他地區、階級和團體為優。雖然政府重視

平等的發展機會，各地區、各階級及各種族的發展機會仍然不同。這種不同發展率，容易引起抗議。較繁榮的區域和階級，反對政府將經費用在較無企業性的社會區域；較落後的區域和階級則要求更多的補助，以促進發展速率。社會的矛盾情況也是一種因素，尤其在多元種族的社會中更是如此。如果政府宣稱國家與民族合一，少數人團體必須接受多數人的語言及文化，種族團體一定組織起來抗議。如果政府要保存多元種族的社會，那麼在政府代表、教育所用語言、稅收及投資等政策方面，也會有爭議。

政府活動的擴展，增加政治參與的機會。大眾傳播的發展，是使人們更加注意政治的另一個因素。事實可以證明，教育的普及、交通的發達、都市中心及偏僻腹地的交流、報紙及收音機的普遍等，都增進個人對於公共政策影響力的瞭解。社會現代化之後，認為有權影響政府事務的人數隨之增多。

四、國家的職責

從傳統及工業前的經濟制度，轉移到現代工業化制度的過程中，國家應該負擔哪些職責？歸納起來，可以分為三類：

(一)創造發展所需要的物質及社會基礎

首先從創造發展所需要的物質及社會基礎來說，現代化的經濟制度，必須在新的物質措施方面，從事大量的投資，例如道路、水壩、灌溉溝渠、動力系統、電訊網、學校建築，及都市設施等，都必須由政府予以投資。開發中國家還要奠定發展的社會基礎，其中最重要的是教育，包括農業推廣服務、社區發展工作、工業推廣服務，及工商業與公務人員的在職訓練等。發展的社會基礎，常常要從事農業或社會改革，這種改革可以使原來的團體參與國家發展工作，並使人民發揮其潛在的

才能。

(二)社會發展的全面計畫及統合

其次是有關社會發展的計畫及統合。政府應該負責分析國家的經濟
情況及潛力,決定可行及協調的發展目標,並設計適當的方法,以便達
到這種目的。這種工作需要:(1)分析資源,根據工業領域及類別訂定短
期及長期發展目標;(2)探討達成這種目標所牽涉的增加生產,及增加原
料、設備、人力、資本、國際匯兌等問題。這種過程如果切合實際,並
配合積極的實行方法,可以使公私經濟機構依據共同計畫從事決策,並
共同為經濟擴展而努力。這種計畫也可以使我們預見可能缺乏的資源,
尋求彌補方法或修改目標。如果計畫工作要合乎實際,政府人員及各類
私人企業代表都要參與計畫過程。在混合式的經濟制度中,尤其應該這
樣做,因為私人經濟事業如果得到適當的鼓勵,能夠協助完成國家的經
濟目標。

(三)促進較大及較有效的貨物及服務的生產與分配

在不同的「政治-經濟」制度中,生產經濟企業的經營方法各不相
同。可能運用的方法包括:(1)政府經營;(2)建立法律體制,並提供物
質與社會基礎,鼓勵個人或私人企業根據商業營利動機,生產及銷售貨
物及服務;(3)上述兩種方法的合併。

開發中的國家在管理市場經濟的時候,如果能夠運用適當的混合
方法,一定能更有效地鼓勵私人經濟的發展,並使它貢獻於全國性的發
展,這些混合性的發展包括:

1.利用經濟研究及市場調查,考慮全國計畫經濟發展的情況,以發
   現推展私人農工商事業的新機會。

2.對於這些新機會廣為推介,同時推廣農工諮商服務、發展金融機

構、成立應用研究中心,並藉專設機構將較新及較好的技能,傳授給經理人員、技師及工人,以便協助企業人員從事革新工作。

3. 利用補助、稅收及輸入品限制等辦法,控制市場價格,使生產對於國家發展有用產品的人得到較多的利潤;生產阻滯國家發展產品的人得到較少的利潤。

第三節　現代政治發展趨勢

一、合理分配

任何政治制度都要遭遇到資源分配問題,統治者必須修正現在社會中貨物、服務,及相關價值的分配方式。這種修正可能僅僅牽涉分配貨物及服務的新方式。不過,這種需求也漸漸要求政府提供不包括在傳統政治活動中的新貨物及服務。以前人們總認為,政府的功能是維持內部秩序,抵禦外國侵略,其他的活動都在政府工作範圍之外。社會學家史賓賽為這種理論提供了學理基礎。倡導民主政治的傑佛遜(T. Jefferson)也認為,任事最少的政府是最好的政府。政治無知的時代已經消失,政治參與的要求增加。分配的要求不僅只分享現有的經濟財富,政府還要不斷地發現新方法,滿足人民日漸增加和日漸紛繁的欲望。

分配在兩方面影響政治,第一方面純粹是意識型態的:也就是關於現有貨物及服務的分配範圍問題;第二方面則是技術性的,也就是關於政治如何組織本身及整個社會,以便使國家的貨物及服務擴增到最大量的問題。分配的需要改變了現在社會中誰應得到什麼及得到多少的觀念。另一方面,這種需要又大大地考驗政府在技術、組織、行政,及革

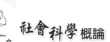

新方面的能力。政治制度是否能適應分配的需要，要看政府是否能良好地預測這些需要而定。如果未來需要工業能力，便要增加技術工人，普遍的公共教育就必須實施。如果未來需要較好的健康情況、改進的農業生產及較大的工藝產量，那麼大學就要培養較少的律師、語言學家，而培養較多的醫生、農藝學家、農業經濟學家、科學家及工程師。

二、社會福利

工業革命所引起的問題，使西方人從事童工改革等工作，一直到二十世紀，因為英國大主教威廉·鄧普（William Temple）的倡行，福利國家的觀念才告成立，達成經濟平等的公共措施，如累進所得稅及社會安全立法，才廣泛實施。現在開發中的國家，處在公正分配的時代精神之中。民主國家不論屬於哪一發展階段，在釐訂發展政策的時候，都不能忽略公平分配的問題。基於兩種理由，現在的政治家必須關懷社會公道的問題：第一，現在的政治家必須尊重輿論，即使實質上不重視社會公道，表面上也要表示關心；第二，社會各階層的人都有現代化及發展的意願。如果大家不能分享現代化及發展的成果，一定會引起社會的紛亂，而無法維持發展所必備的政治安定條件。換句話說，如果國民生產毛額繼續增加，而只有少數階層或某些領域的人能夠享受發展的成果，一定會造成發展階段的中止。

三、社會公平

在政治發展過程中，愈來愈重視公平性的問題，所謂「公平」的意義包括：

1. 第一種意義牽涉富者與窮者的比照,是經濟學家所謂依據所得類別的所得分配。在開發中國家,個人所得相當懸殊,大眾收入僅僅能夠維生,少數領導人才所得卻相當高。

2. 第二種不公平的現象是,全國各地區的生活水準相差太遠。

3. 第三種相關的不公平現象是,農村地區及都市中心,經濟所得相差很多。

4. 第四種公平方面的問題是,釐訂政策的人,是否要側重消費者的利益,而不顧慮生產者的利益。

5. 第五種公平方面的問題是,在不同功能的社會團體中,國家的生產應該如何分配。政府的政策應該側重以工資維生的人、農人、小企業人員、公務員、老師或專業團體?某些團體的政治影響力可能和他們的實際經濟貢獻不相吻合。

四、持續發展

最後,開發中的社會,在公平分配與增加生產兩方面,產生衝突的一項主要問題是:到底應該生產哪一類東西?我們必須注意,在開發中國家,除非迅速增加生產,根本談不上改進較貧窮社會分子的生活。國家的收益很少,公平分配根本不能改善窮人的生活。改進的方法,首先應該是增加國家的總收益,而不是公平分配。在公平分配和增加生產衝突的情況下,增加生產應該居先。忽略增加生產或和增加生產的原則衝突,公平分配的目的將無法達成。

第四節　政治學與現代社會

當前全球化（globalization）及知識經濟（knowledge-based economy）的時代來臨。全球化使國與國間的產品、資本與人員流動障礙逐漸降低，使本國企業及人員必須面對全世界的激烈競爭；而知識經濟社會來臨後，掌握知識與資訊的人，競爭力大增，無法跟上時代腳步的人只有被社會所淘汰。在過去相對封閉的社會，人們可以憑藉自身勞力，辛勤工作，一步一步靠著經驗及年資而提升所得，但是在全球化及知識經濟時代已經不可能，只要擁有的知識過時、技術老舊，馬上就被下一波擁有新知識及技術的人所替代。未來擁有國際化的知識、能力及所擁有的資源，將是主宰個人生存競爭的重要因素，擁有者將會攫取社會絕大部分資源，而未擁有者僅能分配殘餘部分，造成富者愈富，貧者愈貧，也就是日本大前研一教授所提出的M型社會的到來。面對全球化及知識經濟時代，現代人所面對的國際競爭壓力愈來愈大，而有了正確的價值觀，才有正確的態度去面對及因應時代的轉變。所以在全球化及知識經濟時代，應有「國際觀」加以因應。社會學家已經發展出來不少理論觀點，來描述社會變遷之後的現代社會特徵，如「資訊社會」（information society）、「風險社會」（risk society）、「後工業社會」（post-industrial society）、「後資本主義社會」（post-capitalism society）、「訓育社會」（discipline society）、「多元社會」（plural society）、「全球社會」（global society）等。

與本單元密切相關的理論觀點是後工業社會。學者阿爾布勞（Albrow）提出，全球化乃是世界各民族融合成單一社會的變遷過程，並以一種核心思維與價值來影響不同的地方、國家乃至個人的過程。這個過程孕育著世界各地的文化交流，以前所未有的數量、速度和頻率增

加。在人類歷史長河中，文化和知識主要是在家庭、學校、教堂或社區中獲得和成長的。現在的人們比以前的任何時候都能迅速獲得和接觸到不同來源的各種文化意義。因此，將原來社會環境中提煉出來的文化意義，轉輸到其他社會中的可能性愈來愈大。由於全球化改變並深切影響社群的生活，其內涵係以政治、經濟、社會、文化為主軸，因此本章所討論的重點，將包括資本主義與現代社會、全球化的興起與影響、跨國公司與現代社會、非營利組織蓬勃發展等議題，以探究國際政治經濟的意義、國際政治經濟的發展，探討國際社會的角色，以期能培養廣闊的國際社會視野。

　　針對資本主義的論述，社會學家馬克思於《資本論》中有精闢且影響深遠的論述。其以為自十九世紀中葉英國工業革命以來所造成的社會變遷，是資本主義剛萌芽的階段，工業化是人類逐步脫離勞動價值與自然的過程，人類憑藉科技，企圖掙脫生產力的束縛進而宰制自然，創造理想世界。資本主義的制度，大部分財富為私人所擁有，並且被用來投資，使擁有者擁有更多的財富。現代資本主義的形式通常被認為起源於工業革命之後，十八世紀的英國紡織工業，藉著將利潤投資在更進步的機械設備上，資本家從簡單再生產變成擴大再生產，增加利潤和財富並進一步投資。為了避免發生極度剝削工人的情況，則運用福利制度以保障社會中的貧窮和弱勢者，由於少數大企業有可能造成壟斷和獨占，因此政府必須介入干涉，例如經由反托拉斯法（Anti-Trust Law）及消費者立法的方式，來尋求解決此問題。另一方面，資本家則藉著海外生產和投資來尋找更低廉的勞力和原料，並規避本國法令的限制。隨著全球化和網路社會興起，跨國企業的活動更加活絡，企業間的策略聯盟和兼併成為不可抵擋的趨勢，而國際間各國之區域聯盟和防衛體系也漸漸興起，顯示資本主義的發展已經邁入資訊資本主義的時代。而資本主義也使世界推向財富兩極化的發展，在一九六六年，世界人口中前五分之一的最富裕階級的財富是最貧窮的五分之一者的三十倍，到了一九九七年

則達到七十八倍。

　　「資本主義世界體系」的論述,是社會學者華勒斯坦(Immanuel Wallerstein)於一九七〇年所提出,以解釋資本主義、工業革命,以及世界之間複雜的連結關係。其所著作《現代世界體系》(*Modern World-System*)的論述有下列各主張:

一、世界體系的結構

1. 核心(centre):所指的是處於體系的優勢地位者,如美國、歐洲、日本等。經濟特徵為高科技、資本密集生產方式、相當高的工資、一個深入的國內市場與可傾銷其產品的龐大國外市場。
2. 邊陲(periphery):整個世界中大部分國家皆屬於邊陲,經濟特徵為以輸出農產品或天然資源為主、工資低廉、極端貧窮和技術低級。
3. 半邊陲:介於核心與邊陲之間,稱之為半邊陲。

二、資本主義世界的形成

1. 首先是經濟層面的影響:邊陲地區依賴核心地區,並且受到嚴重的剝削,不是提供勞力、農礦、資源,就是充當技術、產品的海外市場。
2. 其次為政治層面的影響:殖民時代為外人所培養的當地統治階層,在獨立後尚占有相當的政經優勢。至殖民國家留學的學生成為國外一股反傳統的主要力量,以及成為革命的動力。當傳統的勢力被打敗後,新的勢力卻無法控制局勢,亦無建國復國的能力。因此時常造成國家內部的動盪不安,這點可由中南美洲及亞、非洲的政黨輪替頻繁,得到印證。

3.最後是社會文化層面的影響：受過殖民的人們，對殖民文化通常
　具有某種親和性，由於社會、文化及意識型態的依賴，往往不自
　覺地表現在日常生活中，所以此一層面的影響比前兩者來得既深
　且遠。

　　華勒斯坦（Wallerstain）認為「現代世界體系」（The Modern
World System, 1974）起源於約五百年前的西歐，是以跨國的資本主義
貿易為基礎，所以也稱之為「資本主義世界經濟」（capitalist world-
economy）。資本累積的動力，促使資本主義下的生產者為了勞動力、
原料及世界而相互競爭，世界的各個地區也相繼被併入此一不平衡擴展
的世界經濟。

　　由於資本主義的催化帶動著消費型社會的產生，相較於我們傳統
社會向來以勤儉樸實為尚的風格，此亦足以顯示當前社會的消費文化特
色，同時亦影響我國的資本累積，直接牽動著未來的經濟發展。造成消
費行為改變的主要因素，包括物質欲望的追求、外在環境的刺激、廣告
媒介的充斥、都會生活的型態等原因。隨著生活水準日益提高，人們
對物質追求亦逐漸增長。尤其是當多數人認為，使用社會所認可的名牌
可以凸顯自己的地位和風格時，因此形成追逐流行時尚的風潮。傳統社
會一個人的認同感並不建築在消費模式上，多數人的生活重心是工作角
色；至於現代社會人們已有足夠的能力及餘暇發展出除工作之外的其他
角色，如運動、休閒、居家、娛樂等，因此容易受到物質欲望的左右。
一個人的消費心理取向無時無刻不受外界環境刺激的影響，這些環境因
素包括社群文化、價值觀念、生活型態、個人心理、家庭成員、資產所
得、社會評價、商品特性及銷售服務等，這些因素皆足以形成消費欲
求，並且隨著外在環境的擴增而提高消費欲望，其中炫耀性的消費行為
正彰顯這種事實。今日的消費型態已不是以實用、需用為主軸，只要能
打動人心的產品都會受到青睞。消費者作為不僅源於商品性的物質消費
行為，而且逐漸轉化與意念有關的文化性消費的行為。根據社會學者尼

科西亞（Nicosia）和梅耶（Mayer）的說法，消費文化的發展是與整個社會現象、都市文明相互呼應；亦即消費是一種文化及社會的現象。不論任何時代，一種消費行為或風格品味的成立，是由當時歷史背景，整個都市發展的進程，以及消費者本身對日常生活及商品品味的渴求，廠商在商品形式與內容上的推陳出新等現象，共同塑造而成；而其所代表的是具有深刻的文化性、社會性意涵。每一種消費現象正說明了當時居民特有的生活面貌，這對於當時的文化背景與社會基礎正好提供了最佳的詮釋。

就現代社會的理性計算的性格，必然不能坐視一個非理性國家的存在，而會要求國家的統治基礎必須來自人民的同意，因為國家為一公共的權威機構，它乃是因人民之需要而存在，不但不容許私人獨占國家，反而必須通過憲政的體制來保障人民的利益。為了讓政府的決策透明化和合理化，現代社會發展出了一個自主的「公共領域」（public sphere）。首先，在文化領域中產生了以新聞自由和言論自由為理想的報業和媒體，其所形塑的公共論壇對於穿透政治決策的黑箱、促進政治的理性化有極大的意義；其次，在政治領域中產生了相互爭取民意的政黨，及代議政治的國會。國會中各黨派和利益團體的代言人，即民意代表，根據一定的程序，相互溝通、討論和協調，而以多數決的方式通過法案和政策，此乃現代民主政治最重要的象徵。就官僚科層化的面向言之，這是資本主義合理的經濟組織在政治層面的表現，其具體的特徵是形式的合理性，亦即官僚須要求政治組織和政策執行必須符應於可以合理計算和控制的原則。每個官僚組織必須制訂一定的程序規則和績效考核標準，且一視同仁，不因人設事。因此在理論上，官僚組織中的職位和角色均是「匿名的」和可以替代的，這是一個法治的而非人治的制度設計。

問題與討論

一、政治學的歷史源遠流長，追溯其發展脈絡，約可分為五個主
　　要階段，請說明主要內涵。

二、請說明政治學的研究領域的主要內涵。

三、請說明政治學在探討政治現象中，著重於哪些主要的領域。

四、請說明現代化政治的特徵。

五、請說明行政制度的現代化的主要內涵。

六、請說明國家的職責的主要內涵。

七、在政治發展過程中，愈來愈重視公平性的問題，請說明所謂
　　「公平」的主要內涵。

八、請說明世界體系的結構的主要內涵。

Chapter 12

管理學概要

管理學是一門綜合性和實用性較強的社會科學，在社會生活各個領域有相當廣泛的應用。它的目的就是運用有限的人力、物力、財力，取得最大的效能。依據國內外研究管理學的學者對該學問的界定為：「運用組織資源，有效治理事務，達到組織目標的行為。」亦即，管理學強調的是運用規劃、組織、協調、指導、控制等活動，有效利用組織、人員、金錢、物料、機器、方法等資源，促其合作，以達到組織目標。

　　近年來，管理學受到愈來愈多的重視，不少專家、學者和實際工作管理者，在博採眾長，融合提煉，開展了對管理學的研究，一些有成效的管理學著作相繼問世，促進了管理學的研究、應用和發展。

第一節　管理的基本概念

　　管理學作為一門科學，始發於美國，後擴及到全球，現在已受到各國普遍重視。隨著人類社會生活愈來愈複雜化，特別是決定人們生活的物質生產力不斷發展，管理學經歷了由經驗管理到科學管理再到現代化管理的發展過程。管理是社會不可或缺的職能，自古以來，每當人們擴大和發展了新的領域，也就相應地擴展了管理的範圍。

　　管理理論是屬於一種系統化的認識、研究和解釋社會生活中管理現象的觀念知識或框架，它力圖揭示各種組織發展變化的規律，目的在於對組織實施有效的管理，提高組織的效益。雖然管理現象早已存在，在歷史上許多政治家、思想家、軍事家對管理問題進行了研究，提出許多富有價值的論述，但對管理現象做系統的研究與闡述，提出較為系統的管理理論，卻是二十世紀以後的事情。

　　長期以來，管理為組織發展所重視，而德國社會學大師韋伯並且將組織管理視為人類理性化的行動之一，而科層制度更是組織擴展所不可或缺的體制。而素有「現代管理學之父」的彼得‧杜拉克（Peter

Drucker）於管理學的建構更強調：自人與組織互動，論述經濟、資訊、社會型態的各個層面，提供犀利的洞察力和前瞻的策略，以引導社會組織邁向卓越績效。一般來講，管理理論的發展經歷了三個階段：傳統時期的組織理論、行為科學時期的組織理論、系統理論時期的組織理論。

一、傳統時期的組織理論（一八九○至一九三○）

亦稱古典管理理論，產生於十九世紀後期和二十世紀初期，其產生與工業革命要求發展新的組織形式、大機器工業組織的興起有密切關係。傳統組織理論的主要觀點是：

1.組織是分工體系，強調專業分工的意義。
2.組織是一個層級控制體系，強調指揮統一。
3.組織是一個權責分配體系，講究職責分明。
4.組織是一個法令規章的體系，具有明文規定的制度、規範。
5.組織有明確的目標。
6.組織活動的目的在於追求效率。

傳統組織理論突出的特點在於：追求組織結構的系統化，因而十分強調組織設計、合理職責權限分配及完善的層級節制體系；追求組織運行的計畫化、標準化，強調任何工作都要計畫，處理一切事務都要依賴可靠的事實或一定的標準；追求組織管理的效率化，認為組織管理的目的在於提高效率，以最經濟的手段獲得最大的效果。

二、行為科學時期的組織理論（一九三○至一九六○）

針對傳統組織理論和研究方法的偏失，從一九三○、一九四○年代

起，許多學者用行為科學的理論與方法研究組織現象，從而形成了行為科學時期的組織理論。

在研究方面，行為科學時期組織理論的研究取向發生了根本的轉變，表現在：

1. 從靜態的組織結構的研究轉向組織實際行為的研究，如個體行為、群體行為、決策行為、領導行為等。
2. 從對組織管理原則的研究轉向對組織現象本質的分析。
3. 從正式組織結構的研究轉向對正式組織行為的研究。
4. 從價值的研究轉向事實的研究，即由研究「應如何」走向研究「是如何」。

因此，在研究方法上，他們重視實證研究、行為研究、社會研究、心理研究和統計研究法。這一時期理論的基本精神在於強調組織是一個「心理的及社會的系統」。其立論的要旨在於：

1. 組織是一個心理、社會系統，它不僅是經濟的技術系統，同時也是人們為了達成共同目標所組成的一個完整體。
2. 組織是一個平衡體系，人們參加組織並為組織做出貢獻，組織也能給他以最大的滿足。組織之所以存在和發展，就在於組織成員對組織的貢獻，兩者保持平衡狀態。
3. 組織中的各種行為本質上是一種制定決策的行為，組織本身也是提供合理決策的機構或制定合理決策的社會系統。
4. 組織不僅是在權責分配、勞動分工基礎上建立的正式組織體系，還有人們在相互交往、彼此瞭解基礎上建立的非正式組織。
5. 組織不僅是權責關係的結構系統，而且是人們在相互交往過程中產生的影響力系統，這種影響力貫穿於組織之內，不僅上級可以影響下級，下級也可以影響上級。

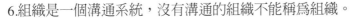

6.組織是一個溝通系統,沒有溝通的組織不能稱為組織。

7.組織是一個人格整合體系,組織是由許多不同的人所組成的,不同的人格對於事物的認知、理解與解釋也不相同,故組織便會存在衝突,組織的基本功能之一便是協調衝突,達到人格整合。

8.組織中人的行為始發點便是人的動機,為了調動組織中人的積極性,提高組織活力,必須通過滿足人的需要等手段來激發人的動機,即實施激勵。

9.在組織管理上講究由監督制裁走向人性激發,從消極懲罰走向積極激勵,從專斷領導走向民主領導。

三、系統理論時期的組織理論(一九六○年起)

從一九六○年代起,隨著一般系統論、資訊論、控制論的產生和應用,一些學者在總結、吸收古典組織理論和行為科學時期組織理論的合理成分,揚棄其錯失的基礎上,從系統的觀點出發,運用系統分析的方法研究組織現象,組織理論的研究從而進入系統理論時期。

系統理論時期組織理論的主要觀點是:

1.組織是一個「結構的社會技術系統」,它由五個次級系統構成,即管理子系統、心理及社會子系統、結構子系統、技術子系統、目標與價值子系統。每個子系統雖然各有其功能,但卻相互依存,構成一個完整的統一體。

2.組織是一個開放系統,與外界環境保持著物質、能量和資訊的交換。

3.組織是一個反饋系統,一個組織在實現其目標的過程中,對所採取的行動、所產生的效果或情勢,予以認知、判斷,根據偏差進行適當的調整或修正。

4.組織是一個生態系統，必須不斷適應內外環境的變化，不斷變革和調整，從而才能維持其生存和發展。

5.組織管理的權變性，組織管理沒有永久不變的定律，要隨機應變，不可執著，組織管理的方法也須因時、因地、因人而制宜。

 ## 第二節　管理的基本原理

管理的基本原理的主要內容有幾個方面：

一、系統管理原理

系統管理原理是指由相互作用和相互依賴的若干要素依照一定方式結構而組合成的，而這個大系統本身又是它所從屬的一個更大系統的組成部分。管理的對象實質上就是一種特定的系統，為達成管理的功能就必須進行系統分析，用系統觀點指導管理行為。從系統觀點出發，首先必須樹立整體觀念，堅持整體性原則。對任何一個管理對象，即使是由各不相同的結構和功能所組成，也要從整體角度來看待和處理。系統工程著重於系統的規劃、設計，它廣泛使用電腦和通信技術，收集該系統的最佳效用和功能的數據，然後對該系統進行分析，找出那些可實現預期目的的方法，系統原則是整合多項學科的知識綜合成有效實現預定目標的過程。系統總是處於與其他系統相互關聯並存在著一定的影響函數。進行系統管理必須充分考慮各方面的關係，運用統整性的原則。系統管理必須堅持動態原則和彈性原則。在決策目標、制定計畫、組織實施，各環節、各方面都保持充分的彈性，留有餘地，根據訊息反饋情況，隨時注意調節，及時做出相應變革，使管理者始終保持最佳狀態。

二、以人為核心的管理原理

本原理強調人是管理的主體也是管理的客體，管理實際上是人對人的管理。運用人對人的管理達成人對物、對財等，一切客體和訊息知識的處理。對人的管理是管理的實質與核心，管理過程中的不同環節、不同要素都需要人去使用、調配、協調和控制，沒有人的作用，物的作用就不能發揮。在管理過程中，只有把管理者和被管理者的主動性、積極性、創造性都充分發揮出來，才能有效完成管理的任務，實現管理的目標。在管理活動中，以人為本的原理，關鍵在於按照人的本性特點對人進行科學的管理。

(一)以人為本進行管理

根據人的能力大小、素質優劣，量才使用，這是管理中普遍採用的合理化原則。合理的使用人才就是讓不同才能的人居於不同的職級崗位，做到職位與才能相適應。亦即應該對不同的人給予相應的職權、榮譽和利益，做到在其位，謀其事，行其政，盡其職，負其責，獲其利，懲其過。同時，人員的合理流動才能促使人力的新陳代謝，並充分激發被管理者的主動性、積極性、創造性，是實現良好管理的重要因素，是推動管理優化過程持續、穩定、積極發展的原動力。

(二)激勵的原則和辦法

人的行為是由動機支配的，而動機是由需要、利益和願望決定的。作為一個有效的管理者，應當對個人需要盡可能給予關心和滿足，以激勵自己屬下員工的積極性。在激勵人員士氣上，通常採取的基本原則和辦法，請參見**表12-1**。

表12-1 激勵人員士氣的基本原則

項　目	內　涵
利益原則	提供被管理者必要的物質誘因，以促發其工作的效能。
教育原則	經過理想、信念、道德、法則、思想等方面的教育，借助精神的力量，啓發、誘導、激勵、調動潛在能力，盡力而為，創造最佳成績。
需要原則	人的需要模式是依生理、安全、歸屬感、自尊、自我實現等階梯式構成的。不同的人有不同的需要組合形式。需要是隨著工作方式和生活方式的變化而呈現出上升的趨勢。
反饋原則	在訊息反饋的作用下，管理者隨時掌握最新資訊，以提供組織重視當前環境情勢，從而適時地做出對策，採取相應措施，改進和完成工作。

資料來源：作者整理。

以上管理原理和原則，並不能概括全部管理工作；實際管理活動比理論要複雜得多。因此，管理工作必須從實際出發，理論結合實際，在應用理論過程中，尋求適合自己需要的管理方法，實現管理的最佳效能。

 ## 第三節　現代社會的管理

著名的社會學大師韋伯將近代西方社會的進步，歸因於對「理性化」的追求和運用，這種講求系統性、邏輯性、可測量性、規律性、目的性、普遍性和形式化的特質，雖然帶給西方社會科技文明，高度物質生活，卻無形中因為其強調「工具理性」的膨脹運用，造成對人類的無情宰制，使得活生生的人受制於僵化的制度禁錮，而無法尋求人本的價值。其明顯的例證之一，就是「科層體制」普遍滲入各個領域而牢牢地宰制人們的思維、行動。在這種講求規格化的行政體制下，使人反主為客，被制度嚴密地控制和操弄。為了克服這種人類歷史的悲觀命定論，當代社會理論家哈伯瑪斯建構了溝通理論，強調人與人之間的互動，人

與制度之間的關係是「溝通行動」。該行動的取向是相互瞭解，達成合理的共識；亦即透過人與人之間關係的調整，消除人宰制人的局面，使人與人之間能透過無壓制、無扭曲的溝通，以達到充分的相互瞭解，進而形成合理的共識，以駕馭工具理性的發展，主宰人類自我的命運。這種溝通行動的觀點，是期望建立在人的自主、負責的基礎上，這樣的反省思察使人類回溯對人性需求的尊重與認同。以此觀點推斷現代社會強調人的參與和價值等民主思潮，確實有不謀而合的契合現象。而觀諸日本企業能在世界獨占鰲頭，正因為能肯定人性價值和有效地滿足人性需求。組織管理面對的對象是公眾事務，服務的目標是達成政策的施行，這些工作與企業一樣都需要依賴人才足以遂行，自然不能不重視該思潮和成功的企業文化所提供的啟示，以建立合於人性需求的組織管理制度。

一、科層制度的特徵

科層制度深入現代社會已是不爭的事實，隨著分工的細密，現代社會愈強調專業工作的重要性，兩者互動的頻仍使科層制度影響到專業工作，尤其易於大型組織中出現。至於其何以會受到社會學研究者的重視和關切，就如同帕克所析理：「科層制度所造成的官僚組織有一些反功能（dysfunction），例如具有疏離性、非人性化，以及僵硬的性質。同時引發了科層組織控制者的責任問題，甚至造成員工對工作的低度投入，以及不良的工作生活品質，這些可由頻繁的勞工轉業、曠職及罷工得到證實。」尤以專業工作者往往會感受到科層體制駕馭其上，使專業人員深覺距離決策與重要訊息過於遙遠，個人在整體關係與溝通的非人性化以及形式化，形成對自由裁決與創意的局限。此種組織運作趨向於形式化與僵硬化的情形，使技術性與專業性的員工特別有挫折感。因為依據專業人員所受的訓練，他們原先會期望自己的工作能有一些自主

性。當我們的社會日趨複雜與互賴，而各組織的規模也不斷擴張時，不可避免地也就有愈來愈多的人受雇於科層組織。即使在過去以「自由」著稱的專業，也逃不過科層化的潮流。職是之故，更有賴我們對專業工作的科層制度加以探究。

科層體制是由德國社會學家韋伯在二十世紀中葉所建構的一個理想型組織結構，也是組織正式結構的典型。廣義而言，科層體制既是一種結構，也是一個過程，一種組織的形式，以及運作的一種方法。綜觀韋伯的原意與後來學者之詮釋闡發，科層體制的特徵可歸納如**表12-2**。

表12-2 科層體制的特徵

項 目	內 涵
層級節制的權威	科層體制的權力結構是一垂直的層級，權力集中在頂端。低職位者為高職位者所監督控制，有清楚的主從關係。
分工原則	在科層體制內，基於功能性的專門化，對個別成員或職位均有明確的分工，用專業人員來執行專門性的工作。
統一的成文規章與程序	用以範定每一正式職位之權責，個別成員之權利與義務，以及組織運作上，每一特殊情況的處理程序。
非人情化	亦即強調組織內理性化與合理化的人際關係，成員經由正式化的溝通管道，依組織的正式規則互動，其管理係立基於書面的文件，如公文等。
能力勝任	在科層體制內，舉凡聘雇、升遷均唯才是用，亦即使用一套一視同仁的標準，遴選知能合格者循組織的層級晉升，而不致受個人政治與社會因素所左右。個別成員經由能力之被認可而據有某職位後，組織以「終身職制度」保護之，所謂終身職制度，又稱事業原則，就是一種對生涯事業保障的制度，使個人得免於專橫權威之恣意解職，同時也對個人在專業知能上的投資提供保證。

資料來源：作者整理。

韋伯以為經由上述的原則，將可創造出最有效率的行政組織，同時也將是組織理性化之所在。

二、科層制度的影響

儘管科層制度已為諸多組織建構的體制，然而在享有其提供的效率，非私人化，穩定處理例行工作產生極大的功能之餘，社會學家也曾剖析其對組織及個人造成的負面影響。

(一)科層體制對個人人格的影響

它未能完全允許個人的成長與成熟人格之發展，易養成個人的從眾性格，甚至在其潛移默化之下，個人變得陰沈、遲鈍，成為一個被制約了的「組織人」。為了去處理由科層體制所引發的挫折、不滿與不安全感，個人極可能發展出一套「科層病態」的行為模式。

(二)科層體制對組織績效的影響

1. 由於它未將非正式的組織，以及各種突發意外的問題納入考慮，加上過時的控制與權威系統，因此往往無法掌握時效，做彈性機動的應變。
2. 對於不同層級與不同功能性團體之間的差異與衝突，缺乏有效的解決措施。
3. 溝通與創新的構想都因層級節制的決策而被阻礙或被扭曲，另外，就溝通的方向與速度來說，向下溝通遠比下情上達來得頻繁且快速。
4. 新的技術與具有專門知能的人很難融入其中。
5. 內部的人力資源往往因成員彼此間的猜忌、憂慮與報復心理，致無法充分發揮。而非人情化的強調，也使得成員不易完全投入組織的活動當中。

6.組織強調成員的忠誠性，故而某種程度吞沒了個人的目標，強迫
個人遷就組織的目標。

佩羅（Charles Perrow）特別指出，由於科層制度壓抑了成員的自
由、自發與自我實現，使得新的技術與具有專門知能的人很難融入其
中，自然不利於專業職能的發揮。而近年來，諸多行業在社會發展下，
逐步邁向專業化，高度分殊化的社會也依賴具有專業知能的人所提供的
各種服務。由於「專業」意味著有彈性、富創造力與平等的組織工作方
式，而「科層組織」卻與僵化、機械的以及權威的方式相結合。史考特
（Scott）在專業社會學的經典著作《專業化》（*Professionalization*）一
書中指出，專業人員在科層結構裡，產生四方面的角度衝突：(1)對科層
規則的抵制；(2)對科層標準的排斥；(3)對科層監督的拒斥；(4)對科層
體制有條件的忠誠。這些抵制與排斥的原因，是科層權威和規則侵犯了
專業人員根據其專業判斷與專業信念，運用專業知識與技術的自由。

三、人性管理模式的啓示

管理學上著名的學者梅約（Elton Mayo），在西電公司進行一連串
的實驗，以期瞭解工業文化中的人際關係。研究過程運用物理環境的改
善，福利措施的加強，休息時間的增加，人性尊重與自主性的強化等措
施，以探求何種因素是導致生產效率提升的主要肇因。出乎預料的在這
一連串的實驗過程中，儘管工作環境改善，休息時間增加，增加午餐供
應等措施，對工作效能有所提升，然而其增進的幅度相當有限，而真正
達致效率增進的主體因素，竟是自主性的發揮，亦即透過對人的尊重與
人性肯定的實驗產生效能提升的決斷原因。這項實驗不獨修正了人們原
本對泰勒的科學管理觀，也使人們注意到「人性管理」的特色和重要
性。該管理模式的啓示如下：

(一)鼓勵多元參與，達到民主精神及集思廣益的功能

　　民主政治的特色是講求人人平等，決策的目標是希冀能回饋到社群的每一位成員身上。人性需求的管理措施正能配合此種理念，使每個分子以平等的地位參與團體的決策，而唯有決策是緣於共同的多數決，才能取得成員的支持和有效的執行。

(二)決策由傳統的「自上而下的命令」轉爲「彼此互動溝通」

　　其結果，自然易於落實體現決策的動力。若僅是來自少數精英分子而未能普遍徵詢多數成員的意見，則不是導致「陳義過高未合實際趨勢而束之高閣」，便是產生上層與基層的斷層現象，形成政策與執行的脫節，和精英與從屬階層的疏離。

(三)裨益於人才的延攬，達到行政品質的提升

　　由於多年來，政府運用各項政策規劃作業與行政革新措施，使得在經濟、科技、文教、國防、社會、政治等方面均有顯著成就，展望未來，面對轉型期的社會經濟環境，民眾對政府的期望更形升高，因此更賴我們以新的觀念、做法、措施等以應民眾需求。這當中尤賴政府能有效延攬專業人才，而人才的留置和其願意心悅誠服貢獻所長，不思「五日京兆」，或存「尸位素餐」之弊，尤其需要重視人員的需求滿足，以尊重和肯定的態度，促使彼等發揮學能專長，進而促進行政品質的提升，爲此若捨棄「人性管理制度」則將無以爲功。

(四)有利於「分層負責」、「分工專職」的推動

　　在團隊合作的時代，任何事物的達成都需要靠彼此協調互補所長，方足以克竟全功；因此，公共行政的運作也賴「分層負責」、「分工專

職」才能踐履該目標。當管理者能夠持守人性管理的觀念,自然能敬重部屬的職守,支持部屬發揮所長,並有效激勵其智能,使其能在其位做最佳的表現,團隊精神將就此而產生。

(五)能激勵成員對組織的認同和士氣

曾有學者分析,當一個社會的物質生活逐漸能使民眾不虞匱乏時,其參與工作的目標已非是為一己的溫飽而已,乃是尋求志趣的投合、學能的發揮、自我的實現等精神意志層次的需求。是以,此時成員能否對組織認同,實端賴這些高層次的需求能否獲得肯定和激勵,為此則注重人性取向的管理制度,必然是進步社會的較佳選擇。

由於科層制度詳盡的規章和例行的監督體系,相當程度地控制了由專業人員所執行的任務,所以在一個他律性專業組織裡,要去範定出哪些活動範圍是專業人員個別的或整體的職責所在,是一件很困難的事。受過專業訓練的專業人員,對於組織的目標與績效標準似乎持有批判性的態度,尤其是當它們不是由該專業內的成員所認定之情況為然。此外,專業人員希望免於層級節制之干擾以及程序規章之限制,他們期望在專業活動的推展上,擁有最大程度的自主性與自創性(discretion)。再者,專業人員也希冀能在知能範圍內,具有影響力,擔負責任並獻身專業的發展,此即所謂的「專業文化」。相對於此的是由一般非專業人員所形成的「科層文化」,包括按照法令規章行事、一意效忠組織權威,並極力在組織的權威層級體系中尋求職位的升遷。這兩種文化將使得彼此在問題的情境釋義上,在目標擬定、策略技術的選擇以及結果的評估上,產生齟齬。科層組織中的上級長官經常以效忠程度作為對下屬的評價標準,而專業人員則由於其信念與上級主管扦格不獲青睞,致常有求去之心。此種傾向尤以較專業取向的專業人員為然,很容易造成組織內「劣幣逐良幣」的反淘汰現象。這自然成為組織經營者所關心的重點。

 ## 第四節　非營利組織的發展

　　一九八○年代中期，全球約有一萬七千個國際性非政府組織，隨著網路無國界的聯繫和溝通，也有愈來愈多原屬於一國之內的非政府組織進行全球接軌，而使得國際性的非政府組織多到難以計數。非營利組織（Non-Profit Organization, NPO）是指不是以營利爲目的的組織，它的目標通常是支持或處理個人關心或者公眾關注的議題或事件。非營利組織所涉及的領域非常廣，包括藝術、慈善、教育、政治、宗教、學術、環保等。非營利組織的運作並不是爲了產生利益，這一點通常被視爲這類組織的主要特性。然而，某些專家認爲將非營利組織和企業區分開來的最主要差異是：非營利組織受到法律或道德約束，不能將盈餘分配給擁有者或股東。因此，今日社會中，非營利組織有時亦稱爲第三部門（the third sector），與政府部門（第一部門）和企業界的私部門（第二部門），形成三種影響社會的主要力量。非營利組織還是必須產生收益，以提供其活動的資金，但是其收入和支出都是受到限制的。非營利組織因此往往由公、私部門捐贈來獲得經費，而且經常是免稅的狀態。私人對非營利組織的捐款有時還可以扣稅。慈善團體是非營利組織的一種，而非政府組織（NGO）也可能同時是非營利組織。依照台灣民法的規定，非營利組織主要可分爲社團法人和財團法人兩種類型。協會（社會服務及慈善團體）、學會（學術文化團體）等屬於社團法人，設理事長與監事，總幹事爲實際營運者；基金會等屬於財團法人，設董事長與監事，執行長爲實際營運者。在英國，非營利組織很少被視爲一個單一類型的實體，所有善心組織都必須向慈善機構委員會（charity commission）登記爲慈善機構（charity），而不是非營利組織。在美國被歸類爲非營利組織的其他團體，例如職業團體（trade union），分別

受到不同法規的規範。

　　全球化的浪潮下，跨國企業、跨國政府組織以及國際性的非政府組織，成為世界權威活動的三個重要力量。這些權威活動藉由策略聯盟達到組織或企業的目的，並產生既競爭又合作的關係，例如慈善機構經常募款的對象是企業團體，同企業團體亦須經常在跨國的政府組織中角力。

　　非營利組織係指除政府與企業部門以外的正式組織團體，在不同國家社會或不同領域中，可能混用以「非政府組織」、「第三部門」、「公益團體／組織」、「志願團體／組織」、「免稅團體／組織」、「慈善部門／團體」等名稱來稱呼此類組織。其名稱雖有不同，但其意涵則相去不遠，主要係指民間部門中非以牟利為宗旨之各類組織。非營利組織名稱的來源係來自於美國之國稅法（Internal Revenue Code, IRC），該法將非營利組織定義為：「非營利組織係為組織之一種，該組織限制將盈餘分配給組織的人員，如組織的成員、董事或是理事等」，且依該法第五〇一條第C項第三款規定：「為公共利益服務而給予免稅鼓勵的團體，包括教育、宗教、科學、公共安全等」。

一、非營利組織的特質

　　經綜合多位學者專家的界說，歸納出非營利組織之特質如**表12-3**所示。

　　非政府組織是一個不對政府負責的自治組織，一般而言，它們是為了共同的利益或者是出於明確的道德和政治因素考量，而積極地去激發世界的輿論。一九五〇年代以來，國際性的非政府組織的數量以驚人的速度激增，活動的內容極為廣泛，包括宗教、商業、勞工、政治、環保、女權和教育、體育和休閒等等。著名的非政府組織如歷史悠久的紅十字會、綠色和平組織。台灣最具國際知名的非政府組織團體就是財團法人慈濟基金會，在全球許多地方都有分會，並積極推動會務和發展組織的目標。

表12-3 非營利組織的特質

特　質	內　涵
合法免稅地位	多數國家政府皆於法律中規定非營利組織有其免稅之優惠，且捐助人亦可享有減稅之待遇。
正式的組織	具有某種程度的制度化，而非臨時或非正式民眾的集合體，同時亦須經由政府法律的合法認定，因而非營利組織具有法人的資格。
民間的組織	不屬於政府的部門，即非經由政府財源所成立，亦非由政府公職人員所經營，但此並非意指非營利組織不得接受政府支持，或是政府官員不能成為董事；此強調重點在於非營利組織應為民間人士所組成。
公共利益的屬性	非營利組織所提供的服務應屬公共利益之性質，以服務公眾為使命，而不以營利為目的。
限制利益分配	非營利組織經營所獲取之利潤，須用於該組織之服務，不得分配予個人或是董事。
志願性成員	非政府組織往往都能利用媒體來廣泛引起公眾對其見解的關注，並影響政府或企業的作為，值得注意的是，非政府組織的成員，是將各式各樣的人因為某種目的而集合在一起，因此，除少數為支薪之基本成員外，多數為志願參與的人士所組成，特別是由志願人員組成負責領導之董事會。
自我治理	非營利組織乃為自我管理性之組織，有其內部管理的制度，不受外在團體的支配。

資料來源：作者整理。

二、非營利組織的類型

根據學者陳金貴的分類，全球的非營利組織大約有七種類型，如**表 12-4**所示。

社會科學概論

表12-4　非營利組織的類型

類型	內涵
衛生醫療	包括醫院、診所、醫護和個人照顧設施、家庭健康照顧中心及特別洗腎設備等，此類型組織財源多係來自於政府的衛生費用及民間捐助。
教育服務	包括中小學教育、高等教育、圖書館、職業教育、非商業研究機構和相關的教育服務等，此類型組織財源多係來自於政府補助，其次為使用者付費及民間捐助。
社會服務	包括托兒服務、家族諮商、居家不便者的照顧、傷殘職業重建、災難救助、難民救助、緊急食物救助、社區改善等，此類型組織主要以助人為服務方式，而財源多係來自於政府之社會服務預算，其餘來自使用者付費及民間捐助。
公民團體	包括抗議組織、人權組織、社會組織等，此類型組織扮演政策倡導之角色。
文化團體	包括樂隊、交響樂團、戲劇團體、博物館、藝術展覽館、植物園及動物園等，此類型組織財源一方面來自於收費和賺取的費用，一方面來自於民間捐助和政府支持。
宗教團體	如放生念佛會、行天宮及許多基督教會等，此類宗教組織提供各種公共服務，對象以教友為主。
基金會	此類型組織存在之目的是以財務來支援其他的非營利組織，又可分為四種型態：獨立基金會、企業基金會、社區基金會及運作型基金會（此基金會15%以內之收入用以支援其他非營利組織，而基金會本身亦會實際執行相關業務）。

資料來源：陳金貴，2002。

國際組織是具有國際性行為特徵的組織，國際組織可分為兩種主要型態：

1.政府間國際組織：成員都是主權國家或其他成員不必為主權國家的國際組織（像歐盟和世界貿易組織）。

2.非政府間國際組織（NGOs）：任何國際組織，凡未經政府間協議而建立，均被視為是為這種安排而成立的非政府間國際組織，包括獨立組織、民間組織、第三部門、志願協會。

從法律角度來講，政府間的國際組織必須有一部公約作為基礎，並

且有一個法人。國際組織在功能上，成員以及成員的標準上有區別，某些國際組織（全球性國際組織）是允許所有國家加入的，這樣的組織有聯合國以及它的下屬機構，世界貿易組織等。還有一些國際組織是接受世界上某一地區或大陸的成員加入的，像歐盟、非洲聯盟、東盟、上海合作組織等。

　　管理制度必須能尊重人性，適應人性，使組織成員的生理、心理需求與潛能獲得最佳的發揮與成長，並以此提高行政效能，恢弘政治功能，增進人民福祉，促進社會進化。行政系統及社會體系皆是由人所組成，組織發展乃導因於人的心力、智力、能力所推移的結果，這些人力推移的原動力，是以「人性」為根基，因此亦唯有悉心體察人性的取向，人本的需求，以為規劃管理制度，才足以促使組織的有效運作，建立成員間的相互依存關聯性，形成「人人為我，我為人人」的機體社會。

問題與討論

一、請說明傳統組織理論的內涵。

二、請說明行為科學時期的組織理論的主要內容。

三、請說明系統理論時期的組織理論的主要內涵。

四、請說明在激勵人員士氣上，通常採取的基本原則和辦法的主
要內涵。

五、請說明科層體制的特徵的主要內涵。

六、請說明「人性管理」的特色和重要性的主要內涵。

七、請說明非營利組織之特質。

八、請說明非營利組織的主要類型。

Chapter 13

法律學概要

 ## 第一節　法律的基本意涵

一、法律之意義

　　法律者,乃經過一定的制定程序,以國家權力而強制實行於人類的生活規範。分析言之,人類為求生存的必要而有各種活動,因此對於國家或人民彼此間,便發生權利義務的關係,為謀此種關係正常的發展,不能不有一定的規範,以為遵行的途徑。關於人類生活的規範,除法律外,尚有宗教與道德二種,惟效果不及法律的顯著,所以法律為人類生活的規範。另外,由於人類善惡不一,對於違反或破壞規範者,由法律給予禁止或制裁,以維持社會秩序;是以法律為強制實行的規範。同時,法律因為是強制實行的規範,則賦有強制實行之權力者,必為國有。所以,法律又為國家權力而強制實行的規範。法律是以國家權力而強制實行的人類生活規範,是為法律實質的意義,至於須經過一定的制定程序,則為法律的形式的意義。

二、法律之特質

　　依據上述的定義,我們可以歸結出下列幾項特質:

(一)法律為人類生活的規範

　　人類參與社會而衍生相關權利義務關係,須有一定規範以為遵守,傳統社會多賴風俗、道德的力量,現代社會多憑法律規範。是以法律是指導人類的生活,規範人類生活的準據。

(二)法律是強制實行的規範

人類良莠不齊，而社會生活又極為複雜，限制人們的生活，約束人們的行為，多為人所不願。違反規範，所在多有，為求維持規範的尊嚴，不得不強制作為，對於不符合規範者予以禁止，所以法律為強制實行的規範。

(三)法律是以國家權力強制實行的規範

國家是法律的制定者、執行者及維護者，對於違背或破壞法律者，惟有國家始有處罰或制裁的權力，此種權力，亦即國家總法權的行使。所以法律是要以國家權力而強制實行的規範。

(四)法律是經過一定制定程序而強制實行的規範

法律若不經過一定的制定程序，將與宗教、道德、命令等規範無異。所謂法律須經過一定的制定程序，乃指由一定的立法機關依一定的手續而制定法律，此種立法機關在歐美各國為議會，在我國為立法院。我國憲法第一○七條規定：「本憲法所稱之法律，謂經立法院通過總統公布之法律。」故若未經上述的通過及公布程序，則法律的形式要件未備，即不得為法律，亦即無由發生強制實行的效力，所以法律是須經過一定的制定程序而強制實行的規範。

三、法律之種類

法律以其觀察點之不同，大致可分為五大類，茲分述於次：

(一)法律的形式

以法律之形式分類之標準，可區分為成文法及不成文法，二者之區別，乃在法律有無制成形式的條文，為其標準。

1. 成文法又稱為制定法，是由國家依一定的程序以制定公布的法律，具有形式的條文，通常稱為法典，如我國現行之刑法、民法、公司法等法律。
2. 不成文法簡稱為不文法，又稱為非制定法，即不經制定的程序而不具有形式的條文，但是由國家認許其事項，具有法律的效力者，為不成文法。

(二)法律的內容

以法律之內容為分類之標準，可分為公法與私法，實體法與程序法：

1. 公法與私法：公法與私法之區分，學說不一：
   (1) 利益說：是著重利益觀念者，有關於國家公益之法律，稱公法；關於個人利益之法律，稱私法。
   (2) 權力說：是由權力關係上區別者，以權力關係之法為公法，以平等關係之法為私法。
   (3) 主體說：是以國家與個人之主體為區分之標準者，即凡規定國家與國家間、國家與國家機關間，及國家機關與人民間之關係者，稱公法；規定個人之關係者，稱私法。
   (4) 法律關係說：是以法律關係之內容為標準者，此說分為二派，第一派認為對人法律為公法，對物的法律為私法；第二派認為公法是規定權力服從的關係。

2. 實體法與程序法：是以法律之實質及施行手續為標準而區分，故凡關於權利義務之存否及其性質範圍之規定，則為實體法，又稱主法；凡關於行使權利及履行義務手續之規定者，則為程序法，又稱助法或手續法，例如民法為實體法，而民事訴訟法為程序法。

(三)法律的效力

以法律之效力為分類之標準，可分為普通法與特別法，強行法與任意法：

1. 普通法與特別法：是因法律效力所及之範圍不同，或因人、因事、因地而異，故有不同。凡法律能適用於國民全體者，如民法、刑法均為普通法，僅行於國民一部分者如陸海空軍刑法，則只適用於軍人，故為特別法；凡法律適用於一般事項者，為普通法，如刑法之適用於一般刑事事項。關於特別事項適用之法律稱特別法，如專對公司而設立的公司法。其施行僅及於領土內一部分之法律，稱特別法，如各省之單行法規，其範圍僅止於該省市以內。

2. 強行法與任意法：凡法律之規定，必須絕對遵守，不容許以個人之意思做選擇或變更者，稱強行法。強行法之制定，多基於公益上之理由及國家之安寧，及公共秩序之維持，因此有強力施行之性質，或命令為作為或禁止不作為，故強行法實係為命令法及禁止法二者之組合體，如憲法、刑法、行政法等。任意法則不然，可以由當事人之意思變更，則不必為一定之遵守，蓋遵守與否，對於公益上不發生直接影響，故可任由個人選擇，如民法、商法。

(四)法律的主體

以法律之主體為分類之標準，分為國際法與國內法。所謂國際法者，是規律國家相互間權利義務之法律，而以國家為主體，其存在是基於國家間之認許，故其行使範圍可及於一般國際社會。而國內法則為規律國家與人民或個人互相間關係之法律，而以人民為主體，其成立是基於一國之立法或習慣，故其行使範圍僅及於一國之內。

(五)法律的淵源

以法律之淵源為分類之標準，可分為固有法與繼受法。各國之人情、風土、習慣不同，而法律亦隨相異之社會狀態及政治組織而各自建立一種法律系統，凡由此來源出自該國固有之系統而制定之法律，稱固有法；如其來源是採取他國系統之法律或立法精神，以為本國法律者，稱繼受法。如我國迄前清光緒二十八年，為固有法時期，嗣後改採歐陸之立法，修訂法律，即進入繼受法時期。其所淵源之外國法，稱為「母法」，繼受而成之法，則稱「子法」。

四、法學之派別

就法學的理論與法學的研究方法合併著眼，則可概括分為宗教法學派、自然法學派、歷史法學派、利益法學派、唯物史觀法學派、社會法學派及一般法學派別。其主要的內容及區別，茲分述如下：

(一)宗教法學派

此派以維持宗教的信仰為目的，以闡明法學理論。其特徵如下：神學的至理，支配法學，故其研究方法注重演繹；視國家為神意所創造的

集團，其法學研究的重心，並不重視國家的組織及權能；人類生活的目的，認為應向上帝為贖罪的行為，因之，其法理上亦重在人類內部惡性的懲戒，而不重在其外部生活的改善；對於身分法的研究，以道德律為標準，且較其他法律為重視；法理的基本觀念，認為出於神意，原則上禁止批評與反對，故其進步極為遲緩。這種學派，彌漫於基督教的盛行時期，但自中世紀以後即漸趨衰弱。

(二)自然法學派

此派以根據自然法則為目的，以闡明法學的理論，其特徵如下：自然法則為一切法律的根據。至於所謂自然法則，則此派學者中有認為未有國家以前，人類一切自然狀態皆為自然法則，是為狀態說；有認為人的天性皆是自然法則，是為人性說；亦有認為人的合理的理性，始為自然法則，是為理性說。因其根據一定標準，以闡明法理，所以在研究方法上，亦注重演繹法；認為國家和法律的構成，均係根據人民間合意的契約；在法律上樹立自由平等的原則；對於公法上的理論，注重維持本國的利益；私法上的理論，則注重維持個人的利益。這種學派，曾盛行於十六世紀之間，但其後因歷史法學派的興起，乃漸形衰落。

(三)歷史法學派

此派根據法律變遷的實況及原因，以闡明法學的理論，其特徵如下：認為法律有適應民族的時代性，而無學理上的固定性，因之，其研究方法偏重於歸納法；注重一國的民族意識，而忽略法律對於人類共有的利益；視習慣法的價值超過成文法；認為法律是歷史上的附屬物，法律的本身不能為有意識的發展，這種學派，現在尚為普通。

社會科學概論

(四)比較法學派

此派以比較各個法例的異同爲目的，以闡明法學的理論，其特徵如下：於法理上先綜合其異同之體，然後再做比較的研究，因此其所用的研究方法爲歸納法；注重固有法與繼受法的區別，在概念法學上殊有裨益；法律的內容，不必顧及本國的國情或其社會的實況，應使其具有世界性；對於國際私法的研究，殊爲注重；拘束於成文法的研究，對於法學在哲理上應有的認識，較爲忽略。這種學派，興起於十九世紀末葉，但因研究的困難，現尚未能普遍。

(五)利益法學派

此派乃根據行爲的價值，以闡明法學的理論，其特徵如下：以分析的方法研究各個行爲的價值，同時亦注重歸納研究法；認爲法律的目的，在維護行爲者的利益，其結果每使個人利益的維護，與共同利益的維護，彼此發生牴觸現象；認爲法律有其自身的目的及價值，並非神意、科學或歷史的副產物；其立法的理論，注重權力本位，而忽略義務本位。此派對於私法上殊有貢獻，至今私法學上的理論尚多受其影響。

(六)唯物史觀法學派

此派係根據經濟上自然變遷的狀態，以闡明法學上的理論，其特徵如下：認爲法律乃完全是經濟生活的產物，其本身不能脫離經濟實況而存在；人類經濟上的利益，在法律上若不能爲平等享有的規定，則法律即不免爲剝削或壓迫一部分人民的工具；法律的改進，不在學理上的研討，而在經濟生活的改善；生產力的保護和分配的平均，爲法律最大的任務。這派以物質生活爲法律中心的觀念，而忽略法律對於人類精神生活所具有的價值，但對於法學思想則影響頗巨。

(七)社會法學派

此派系以維護社會的利益為目的，以闡明法學的理論，其特徵如下：法律的制定，應採社會本位，其內容及目的以維護社會的利益為依歸；法律的適用，應就個別的具體事實，以求適應於社會的實際狀況；適用的範圍，如強化法律公法化的觀念；法律的制定及適用，均應保持其抽象的伸縮性，以便基於法律原理，而適應社會正義的需求，故對於法律在社會上已表現的功效，應比較研究，以為改進法律的準繩；注重社會利益及社會秩序的維護，故對於有關勞資的立法，主張協調和平及合作的理論。此派發生於十九世紀之初，在法學上現已成為極重要的一派。

五、法律之適用

法律之適用，是指實際上運用法律，也就是將具體事實引用法條，以產生法律的效果。依照不同的單位機能，適用情形也有所差別，一般而言，可分為「司法機關」及「行政機關」之別：

(一)司法機關適用法律之原則

1.審判獨立：我國憲法第八十條規定：「法官須超出黨派以外，依據法律獨立審判，不受任何干涉。」即司法官審判案件，應依據法律，獨立審判，不受任何外力干涉，致影響其裁判之正確性。故其所為裁判，僅得於提起上訴或抗告後，由上級法院廢棄、撤銷或變更之。
2.不告不理：即司法官非經當事人之請求（刑事公訴案件，檢察官代表國家立於原告地位），不得自行審判。

3. 不得拒絕審判：即司法官不得藉口法律不明不備，而拒絕當事人審判之請求。然社會事態錯綜複雜，變化不居，絕非抽象有限之法條所能盡括無遺，這時法律於適用時經由解釋，以爲依法審酌。

4. 除與憲法牴觸之法律外，不得拒絕適用法律：即司法官除對與憲法牴觸應屬無效之法律，應拒絕適用外，不得以法律不正不善而拒絕適用之。蓋立法與司法各有所司，法律是否正當，屬諸立法問題，倘司法官有權取捨，不惟有悖立法與司法分立之體制，且使法律效力無由確定，流弊之大，不堪想像。

(二)行政機關適用法律之原則

1. 依職權適用法律：行政機關不論人民請求與否，應自動積極地適用法律。此與司法機關適用法律所遵守之「不告不理」之原則不同。惟法令中亦有特別規定，行政機關必符當事人之請求，始能適用法律者。

2. 有自由裁量法律之權：行政機關於不牴觸法律之範圍內，得於適用法律時自由裁量。此與司法機關僅得依據法律規定而爲適用者有別。蓋法律無論如何審愼周詳，亦難網羅萬象，巨細無遺，於適用時毫無疑問。倘不予行政機關以自由裁量之權，則將無以應付現實，貫徹法令。

3. 必須服從上級機關指揮監督：行政機關適用法律，下級必須服從上級機關指揮監督。此與司法機關適用法律所遵循之「審判獨立」之原則有異，若非如是，不足以推行法令，維持行政秩序。

4. 有制頒命令之權：行政機關於適用法律時有制頒命令之權，此與司法機關僅得依據法律規定而爲適用，不能自行制頒命令有別。蓋法律規定，多爲抽象原則，倘不制頒命令以爲適用時之輔助，或不補充，即有不切實際、窒礙難行之虞。

六、法律之內容及分類

(一)法律之內容

　　法律是人類生活的規範，而人類生活規範的內容，不外是個人、社會及國家的權利與義務。所以，權利與義務實為法律的主要內容，而維護權利與規定義務，又為法律的共同目的。關於權利與義務的有關事項，分別列述如下：

1. 關於保護權利方面：法律對權利的保護，重要的有下列各項：
   (1) 個人的權利：包括身體的保護、人格的保護、親族關係的保護、財產權的保護、就業及契約的自由等。
   (2) 國家的權利：如國家的統治權、經濟權等。
   (3) 社會的權利：包括社會制度的安定、一般的安定（如：公眾安全，治安、秩序及交易安全等）、一般道德的維護、自然力的利用與保存、公益機關的保護等。
2. 關於規定義務方面：法律的另一目的，即為義務的規定，其重要的事項有：
   (1) 公法上的義務與私法上的義務：公法上的義務乃是依照公法所應擔負的義務，如依照兵役法及各種稅法而負服兵役及納稅的義務；私法上的義務乃是依照私法所應負擔的義務，例如依照民法債務人有清償債務的義務，以及親屬間有互負扶養的義務等。
   (2) 作為或不作為的義務：法律上的義務以作為為內容的，稱為積極義務，如服兵役、納稅等義務；以不作為為內容的，稱為消極義務，如不妨害公益、不妨害自由等義務。上述作為或不作

為的義務，必須藉由法律的規定才受限制。行政機關頒布的作為或不作為義務的命令，只要與法律無所牴觸，人民亦應完全服從。

(二)法律之分類

以法之內容為標準之分類，依照國內著名法學者鄭玉波的說法，首應分國內法與國際法，其次再分國內法為直接法（事項規定）與間接法（衝突規定）兩種，其次再將直接法分為公法、私法及公私綜合法三種，最後另分直接法為實體法與程序法（如圖13-1）。

1. 國內法：是指其施行區域僅以一國之領土為其範圍。
2. 國際法：其施行區域並不以一國之領土為限，而在國家與國家相互間亦可施行。
3. 國際公法：規定國家與國家相互間權利義務的關係，而為國際上所公認的法則及慣例。
4. 國際私法為程序法：其並不直接處理案件本身，而係就涉外案件，間接指示該案件所應適用之法律。
5. 公法：以保護公益為目的者為公法，包括國際公法、憲法、刑法、行政法、國家賠償法、強制執行法。
6. 私法：以保護私利為目的者為私法，包括民法、國際私法等，為個人與個人或國家與個人私權上的關係。
7. 實體法：乃直接規定人之權利義務之實體關係，即規定權利義務之發生、變更與消滅之法律，是針對法律的權利歸屬、義務負擔等事項加以規範之法令。實體法常見的有民法、刑法、公司法、票據法、保險法、海商法等等。
8. 程序法：乃是與實體法的相對意義名詞，顧名思義就是在規定程序事項的法律，亦即如何進行程序來認定實體關係的法律，例如民事訴訟法、刑事訴訟法。

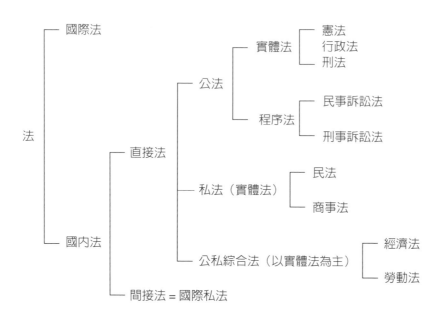

圖13-1　以法之內容為標準之分類

資料來源：鄭玉波（2008），《法學緒論》，頁85。

七、法律與命令

我們一般人所稱的法律，實際上是包括「法律」及「命令」二部分。依據「中央法規標準法」之規定，所謂的法律是指「經過立法程序制定的法條」。而命令則是指「各級行政官署就其職務上之某事項所為之指示」。其種類包括：

(一)法律之類別

依照「中央法規標準法」第二條之規定，法律有四種名稱，以下介紹各種名稱的用法：

1. 法屬於全國法、一般性或長期性事項之規定者，以「法」稱之。如「區公所法」、「民法」、「藥師法」、「醫療法」。
2. 律屬於戰時軍事機關之特殊事項之規定者，以「律」稱之。如「戰時軍律」。
3. 條例屬於地區性、專門性、特殊性或臨時性事項之規定者，以「條例」稱之。如「傳染病防治條例」、「戡亂時期貪污治罪條例」、「平均地權條例」、「麻醉藥品管理條例」、「化妝品衛生管理條例」。
4. 通則屬於同一事項共通適用的原則或組織之規定者，以「通則」稱之。如「財政部各地區國稅局組織通則」、「行政院新聞局駐外新聞機構組織通則」。

(二)命令之類別

依據「中央法規標準法」第三條之規定，命令有七種名稱，以下說明各種名稱的用法：

1. 規程屬於規定機關組織、處務準據者，以「規程」稱之，如「行政院衛生署中醫藥委員會組織規程」。
2. 規則屬於規定應行遵守或應行照辦之事項者，以「規則」稱之，如「護理人員管理規則」。
3. 細則屬於規定法規之施行事項或就法規另行補充解釋者，以「細則」稱之，如「醫師法施行細則」。
4. 辦法屬於規定辦理事務之方法、時限或權責者，以「辦法」稱之，如「藥劑生資格及管理辦法」。
5. 綱要屬於規定一定原則或要項者，以「綱要」稱之，如「動員戡亂時期國家安全會議組織綱要」。
6. 標準屬於規定一定程度、規格或條例者，以「標準」稱之，如

「化妝品製造工廠設廠標準」。

7. 準則屬於規定作為之準據、範式或程序者，以「準則」稱之，如「行政院衛生署監督衛生財團法人準則」。

(三)法律與命令之區別

法律與命令雖均具有法定的拘束力，惟其間仍有所差別：

1. 作用不同：法律為國家對某事項所為之意思表示，命令則僅為法律內容之補充規定。

2. 產生不同：法律為國家依照一定立法程序所制定，命令則係由各級行政機關自行發布，並無一定之程序。

3. 內容不同：法律規定多為重大事項，如我國中央法規制定標準法第四條規定：「下列事項，應以法律定之：一、憲法或法律有明文規定應以法律定之者。二、關於人民權利義務者。三、關於國家各機關之組織者。四、關於法律之變更或廢止者。」命令則多為法律所賦予權限之範圍內為之。

4. 效力不同：法律除牴觸憲法外，有絕對之效力，命令則除牴觸憲法外，牴觸法律亦為無效。

第二節　法律的研究領域

根據行政院研考會出版的《社會科學分類之研究》中強調，法律學的研究領域可分析如下：

1. 基礎法學：法律哲學、法律學方法論、法制史學、法律社會學、法律心理學、法律人類學、比較法學。

2. 憲法：基本理論、憲政制度與制憲史、憲法修正、基本人權、政

府組織、基本國策、比較憲法、戰時憲政制度。

3.行政法：行政法基本概論、行政組織法、行政作用法、行政程序法、行政救濟法。

4.財經法：資源與環境法、投資法、國際貿易法、商標、專利法、公平競爭及交易法、消費者保護法、財稅、金融合作法、國有財產及國營事業法。

5.刑法學：刑法、特別刑法、少年法、刑事訴訟法、刑事政策、犯罪學、監獄學。

6.民事法：財產法、土地法、著作權法、身分法、強制執行法及破產法、非訟事件法及公證法、國際私法。

7.商事法：公司法、票據法、保險法、海商法、有價證券法、信託法、商務仲裁法、商業登記及商業會計法。

8.勞工法：勞動基準法、勞動契約法、工廠法、團體協約法、工會法、勞資爭議處理法、勞工衛生安全法、勞工保險法。

9.國際法：國際法一般理論、海洋法、太空法、條約法、外交與領事關係法、國際組織法、人權法、戰爭與中立法、其他（承認與繼承、國際責任、國際爭論解決等）。

 ## 第三節　法律的制裁規定

　　法律之制裁，是國家為確保法律之效力，對於違法者，所加以惡報。由於法律制裁是一種手段，其目的在於確保法律之效力，行使制裁權者為國家，制裁之對象則為違法者，至於制裁之種類，可因其所依據法律之不同，而分為刑事制裁、行政制裁、民事制裁，及國際制裁四種，茲分別敘述如下：

一、刑事制裁

刑事制裁是依據刑事法律對於犯罪者所加諸之處罰，因此也稱為「刑罰」。其內容為「主刑」，包括死刑、無期徒刑、有期徒刑（二個月以上，十五年以下，得減至二月未滿，或加至二十年）、拘役（一日以上，二月未滿，得加至四月）、罰金。至於「從刑」，包括沒收及褫奪公權。

二、行政制裁

行政制裁是指對於違反行政法規或行政處分上所施予之制裁，因對象的不同可以分為：

1.對公務人員之制裁：撤職、停職、降級、減俸、記過、申誡。
2.對行政機關之制裁：
　(1)撤銷原處分：認為原處分為不當或違法，而由有權之機關予以撤銷，使之失效。
　(2)變更原處分：認為處分之一部分不當或違法時，由有權之機關予以變更。
　(3)損害賠償：行政機關因其不法之行政處分，使人民受損害時所為之賠償。
3.對一般人民之制裁：國家對於人民違反行政法規之處分，可分為行政罰及強制執行兩項。
　(1)行政罰：
　　・警察罰：是指違反「社會秩序維護法」之處分，其種類為「主法」，包括拘留（一日以上，三日以下，遇有依法加重

時合計不得逾五日）、申誡（以書面或言詞爲之）、罰鍰
（新台幣三百元以上，三萬元以下，遇有依法加重時，合計
不得逾新台幣六萬元）。至於「從法」，包括沒入、勒令歇
業、停止營業（一日以上，十日以下）。

・財政罰：是對違反財政上義務者所加之制裁。其種類爲罰
鍰、加收滯納金、停止營業及沒入等。

(2)強制執行：對於不履行行政法上之義務者強制其履行，分爲：

・「代執行」：如由政府執行違建戶之拆除。

・執行罰：如行政官署對於義務人科以罰鍰，以迫其履行義
務。

三、民事制裁

民事制裁是屬於私法上之制裁，也就是國家對於違反私法上之義務
者，所加之制裁，可以區分爲：

1.權利上之制裁：包括人格權之剝奪、身分權之剝奪、無效及撤
銷、契約之解除。

2.財產上之制裁：包括返還利益、損害賠償。

3.其他之制裁：包括強制執行、拘提收管。

四、國際制裁

國際制裁是指國際間對不法者之制裁。其內容如**表13-1**。

表13-1　國際制裁的主要內容

項　目	內　涵
干涉	是由國際團體以強制方式促使違反國際法之國家，以改正其錯誤，以維護國際法之尊嚴。
自助	是由受害國家自己的力量予加害者之制裁，其內容包括：停止邦交、報復、報仇、封鎖、經濟絕交。

資料來源：作者整理。

第四節　法律制定與修正

一、法律之制定

　　法律的制定機關，即為立法機關，在各國制定法律之權，屬於議會，議會即為立法機關，在我國五權分立的制度，法律的制定機關為立法院。惟我國憲法採均權制度，屬於中央的立法權，由立法院行使之；屬於市的立法權，則由市議會行使之；屬於縣的立法權，則由縣議會行使之。若自廣義言之，立法院及市議會、縣議會均為立法機關，惟立法院為國家最高立法機關，由人民選舉的立法委員組織之，代表人民行使立法權。

　　至於法律制定的程序，大致上可分為下列四個步驟：

(一)提案

　　所謂提案，乃指法律案的提出，法律的提案與法律的制定，含義不同，提案僅為制定法律整個程序中的初步階段，制定法律之權，僅以立法院為限。惟法律的提案權，則並不以立法院的立法委員為限，行政院、考試院及監察院，均有向立法院提出法律案之權，立法委員提出的

法律案，應有立法委員三十人以上的連署，行政、考試、監察三院的所屬機關，如欲提出法律案，亦必須經過其主管院，以其主管院的名義提出之，各該所屬機關不得逕向立法院提出法律案。法律案提出時，是為法律草案，應以書面為之，並應附具條文，其所以提出該項法律案之理由，或總括的說明或逐條說明，均無不可。法律案提出後，原提案的立法委員或提案的各機關，得撤回原提案，惟原提案的立法委員如撤回原提案時，應先徵得連署人的同意。至於撤回原提案應於何時為之，一般言之，法律案提出後，已進行討論而在該會程序中，在未經議決前，得撤回原案。

(二)審查

依憲法提出於立法院的議案，由機關提出者，應先經立法院有關委員會審查，報告立法院會議討論，但於必要時，得逕提院會討論，議案由立法委員提出者，應先提出院會討論。法律案屬於議案的範圍，亦自適用此種程序。立法院各委員會審議案件，需經初步審查者，由委員若干人輪流審查，必要時得由召集委員推定委員若干人審查，各委員會所議事項，有與其他委員會相關聯者，除由院會決定交付聯席審查者外，得由召集委員報請院會決定與其他有關委員會開聯席會議。立法院各委員會開會時，應邀列席人員，不以原提案機關的人員為限，得就所詢事項說明事實或發表意見，即其他有關機關人員，亦得應邀列席備詢或發表意見。

(三)討論

立法院各委員會審查議案的經過及決議，應以書面提報立法院會議討論，並由決議時的主席或推定一人向院會說明。所謂討論即是進行該會的程序，第一讀會大抵是將議案朗讀後，即交付有關委員會審查，

或議決逕付二讀，或不予審議。第二讀會應將議案朗讀，依次逐條提付討論，議案在第二讀時，得就審查意見或原案意見要旨先做廣泛討論，廣泛討論後，如有出席委員會提議，二十人以上連署或附議，經表決通過，得重付審查或撤銷之。第三讀會，除發現議案內容有互相牴觸者外，只得為文字的修正，因之，第三讀會應將議案全案付表決。

(四)決議

立法院對於法律案應經三讀會議決定之，法律案的決議，以出席委員過半數的同意行之，可否同數時，取決於主席。法律案既經立法院決議通過後，制定法律的程序即告完成，是即所謂「立法程序」。但是提出的法律案，在未經決議前，原提案者得提出修正案或撤回原案。

二、法律之公布

法律制定的目的乃在於施行，欲使法律施行，必須予以公布，法律的公布乃是國家的法律向外公開表示的行為，國家於法律公布以後，始得適用該法律，一般國民始得明瞭法律的內容，而遵守勿替。

總統公布法律，須經行政院長之副署，或行政院院長及有關部會首長的副署，始具備公布法律的要件，否則未經副署而頒布之法律，自應認為無效。至於此種副署制度的作用，不外是：第一，表示行政院代表總統對立法院負責，含有責任內閣制的意義；第二，表示行政院所屬的有關部會首長與行政院長負連帶責任；第三，使行政院長與有關部會首長對於總統頒布的法律，於公布前有知悉明瞭的機會，並得在該法律施行前預為必要的準備工作，如認為有窒礙難行，得依法報經總統核可，移請立法院審議。

三、法律之修正

　　法律經制定公布施行後,並非永久不可更改。國家對於已制定公布或施行的法律,因主義的實行或因政策的變更,或因環境的改變,或因事實的需要,或因法律內容尚欠完全,或因實行發生窒礙或困難時,均得將法律予以修正,以求完善,俾便適用。法律之修正,乃就現在已有之法律而予以修改,此與法律的制定係原無某種法律而新制定者不同;惟通常每以法律的修正,包括於法律的制定範圍之內,所以自廣義言之,法律的修正,亦得謂為法律的制定。

　　法律的修正者,亦即為法律案,故關於法律修正的機關與程序,與法律的制定並無不同。申言之,有權提出法律案者,即有提出法律修正之權;有權制定法律者,即有修正法律之權。法律修正案,亦需經立法院之讀會通過,完成立法程序始可,亦需由總統依法公布,其公布時亦需經行政院長或有關部會副署。

四、法律之廢止

　　法律若予以廢止,即喪失其效力,就廢止法律之機關、法律廢止的原因及程序,說明如下:

1. 法律的廢止機關:有權提出制定法律案之人或機關,即有提出廢止法律之權。法律的廢止,應經立法院決議,並應由總統公布,故立法院為法律的廢止機關。
2. 法律的廢止原因:法律有下列情形之一者,應予廢止:
   (1)機關裁撤,其組織法無保留必要時。
   (2)法律規定的事項,已執行完畢或因情勢變遷,無繼續施行的必

要：法律因有關法律的廢止，致失其依據，而無單獨施行的必要者。

(3)同一事項已有新法規定並公布施行者。

3.法律的廢止程序：與法律之制定程序相同，但在立法院討論時，需須經過三讀程序而已；但法律若已定有施行期限者，期滿當然廢止，即不需經立法院決議及總統公布，但應由主管機關送經總統府公報公告之。

問題與討論

一、請說明法律特質的主要內涵。

二、請說明法律種類的主要內容。

三、請說明司法機關適用法律之原則。

四、請說明行政機關適用法律之原則。

五、請說明法律之分類的主要意涵。

六、請說明刑事制裁的主要內涵。

七、請說明民事制裁的主要內涵。

八、請說明法律制定的主要程序。

Chapter 14

傳播學概要

加拿大的學者馬歇爾・麥克盧漢（Marshall McLuhan），於一九六四年出版了一本研究媒介的專著《媒介通論：人體的延伸》（*Understanding Media: The Extensiions of Man*），指出在大眾傳播媒介出現之前，就已經有了傳播媒介，例如古代人使用的鼓聲、烽火以至於宣講人和集市等等，都屬於媒介一類。大眾傳播媒介，如報紙、廣播、電視、電影、書刊、通訊社、廣告等，則是後來隨著社會生產和科學技術的發展，而逐步衍生起來的。媒介是人體的延伸，面對面的交談（最原始的媒介）是五官的延伸，印刷品是眼睛的延伸，廣播是耳朵的延伸，電視則是耳朵和眼睛的同時延伸。

二十一世紀是一個資訊化的社會（information society）。資訊科技的飛躍發展，不僅改變了人類社會的溝通方式，也改變了人類獲得知識的管道。每一項新媒介的出現，每一項新的延伸，都會使人的各種感官的平衡狀態產生變動，使某一感官凌駕於其他感官之上，造成心理和社會上的影響。各種傳播媒介，各有所長，也各有所短；它們之間可以互相取長補短，但卻不能互相取代。因此，人們可以根據不同的需要選擇不同的傳播媒介。

第一節　傳播媒介的主要類型

就生活在二十一世紀資訊社會中的民眾而言，資訊的獲得不再是問題。相反地，資訊的解讀與分析才是挑戰。

一、主要類型

對於傳播的社會現象進行系統探討，是一九四〇年代隨著新聞廣播和電視事業的發展而首先在美國誕生和形成的。因為這時的美國，新聞

和廣播事業已有相當規模，電視也開始普及，傳播媒體深入家庭影響個人已不言可喻。電子傳播媒介的興起，引起了傳播領域的革命。而傳播領域的革命，除了科學技術的基礎以外，又與社會政治、經濟情況的發展變化有很大的關係。政治界要擴大自己的影響力，宣揚自己的主張，必須利用傳播媒介；經濟界要加強競爭能力，擴大生意範圍，也要求助於傳播；文化娛樂的蓬勃發展，也要透過傳播媒介來完成；教育界與傳播媒介的關係則更為密切。傳播媒介促進了社會的繁榮與發展，使人類生活更加豐富多彩；但它也給社會帶來許多消極的東西，如傳播過程中有一些低級、庸俗的內容，對青少年的心靈有妨礙作用等。隨著傳播的迅猛發展，學術界開始研究電視、廣播和報刊這些新聞媒介的特性、發展前途和社會功能，各種新聞媒介的相互聯繫，大眾傳播的效果表現與影響效果的諸種因素等問題。這些問題，引起了政治學、新聞學、社會學和心理學研究者的普遍關注。他們通力合作，對上述問題進行了廣泛的研究，從而促進了傳播社會學和大眾傳播學的形成和發展，蔚為一門新興的綜合性學科。

二、傳播領域的架構

隨著大眾傳播事業的發展和對外開放政策的實行，學術界針對其內涵、對人們的影響、對社群的關係，著手研究傳播理論。

大眾傳播媒介（mass media of communication）指的是在訊息傳播途徑上專事收集、複製及傳播訊息的機構，一般專指報紙、雜誌、廣播、電視及最近興起的網路媒體。大眾媒介這個名詞，最初問世是在一九二八年，當年出版的《牛津大詞典》正式收錄了這個名詞，其背景是廣播作為一種新媒體的興起。在此之前，人類傳播的歷史經歷了親身傳播時代（原始社會的非語言傳播）、印刷傳播時代。廣播及隨之而來的電視，將人類推進到了大眾傳播時代。在不到一百年時間內，大眾媒

表14-1　傳播領域的架構

項　目	內　涵
人際傳播	雙向溝通、性別與溝通、指導傳播、人際影響、人際知覺、人際溝通。
語言符號	跨文化傳播、語言學、非口語傳播、語義學、符號語言學。
公眾溝通	爭論、溝通教育、言論自由、合法傳播、績效研究、說服與態度轉變、政治溝通、公開演說、修辭評論與理論、言語與措辭。
小眾傳播	決策理論、家庭溝通、團體溝通、世代溝通、指導能力、解決問題。
組織傳播	商業與專業演說、健康狀態溝通、人際溝通技巧、談判與調停、傳播教育、環境溝通、組織行為、社會化與同化、教育與發展。
大眾傳播	廣告學、傳播與電信、比較媒體系統、批評與文化、媒介產業的經濟狀態、軟片與電影、報章雜誌、媒體效應、媒體倫理、新科技、政策與規範、流行文化、公共關係。

資料來源：作者整理。

介的影響可以說無孔不入，滲透到了社會生活的各個角落。透過大眾媒介攝取訊息，獲得休閒和娛樂，成為大眾重要的生活方式；人們對大眾媒介的依賴也愈來愈大，這種依賴性所採取的是滿足某些需要的形式。隨著依賴性的不斷增大，大眾媒介所提供的訊息改變各種態度和信念的可能性，亦將會愈來愈大。這種可能性使大眾媒介在政治社會化的平台上發揮影響的空間，幾乎是無限地擴大了。

 第二節　傳播學者的理論觀點

　　傳播社會學的開創與發展固然有其歷史背景及因素，但亦與社會科學家的思維與理論建構息息相關。由於傳播是一種非常錯雜的社會現象，不僅其本身包括許多要素（element）與角度（dimension），並且也牽涉到許多政治上、社會上、經濟上、倫理上及心理上的問題，因之可以從不同的觀點與立場做不同的研究。美國史丹福大學傳播所施拉姆（Wilbur Schramm）所長認為，有四位學者是傳播研究的「始祖」

（founding father），他們是拉扎斯菲爾德（Paul F. Lazarsfeld）、拉斯維爾、盧因（Kurt Lewin）與霍夫蘭（Carl Hovland）。然而在論述傳播社會學中著名的傳播學者之前，宜注意到一八九〇年代，三位美國理論家庫利（C. H. Cooley）、杜威和帕克（R. E. Park），開始將現代傳播的整體作爲社會進步的一種力量，都給媒介技術近來的總體進步賦予巨大的意義，他們皆認爲傳播現象受到十九世紀的工業化、城市化和移民等現象的影響。

一、庫利

庫利（Charles Horton Cooley, 1864-1929）是美國早期著名的社會學家，他認爲傳播比物質傳遞更重要。他說：「我從來沒有放棄同時對精神活動方式的思考，這包括所有種類的語言和它們的傳播以及記錄方式，它們的功能類似於傳遞，但與社會進程的關係更加密切。傳播是社會變革的動力，社會變革的輪廓要由社會環境的演化來決定，而現存的傳播系統決定著環境的範圍……社會是人與人之間相互發生的影響；因而這種影響正是由傳播所形成的，所以傳播的歷史是所有歷史的基礎。」他在早期著作中指出，跨越時代的整個社會改革的發動機就在訊息交流中。庫利認爲，現代傳播媒介帶來了緊張焦慮的氣氛。由於社會環境通過媒介而擴大，引起「更迅速、更大量的個人想像、情感和衝動的湧出」。對許多人來說，這就帶來「一種削弱和毀掉個人品格的過度興奮」。他認爲，產生於現代傳播媒介的大眾文化，雖滿足了人們的迫切需要，但也造成不少社會問題。

二、杜威

杜威（John Dewey, 1859-1952）探討現代傳播技術在幫助科學研

究方面的潛力。一九一五年，他在《民主與教育》（*Democracy and Education*）一書中指出，傳播就是人們達到共同占有事物的手段。他在《經驗與本質》（*Experience and Nature*）一書中指出：「所有事物中，傳播是最了不起的……傳播成果應當被共享和參與。傳播使我們從其他事物的巨大壓力中釋放出來，否則我們就會被壓垮。它能讓我們生活在一個有意義的世界中。傳播的意義就是社會的意識得到增強、加強和鞏固。」杜威在《公眾與公眾問題》（*Public and Its Problems*）一書中，探討了現代傳播與政治事件的關係。他指出，「公眾是如此之多，又如此像一盤散沙，把大量個人變成一個巨大的共同體，可以依靠傳播。在自由與充分地相互交流的意義上，可以設想建成巨大的共同體。我們的偉大目標不是由語言而是由信號和符號構成，沒有這種符號，共享體驗是不可能的。」

三、帕克

帕克（Robert Ezra Park, 1864-1944）開創了將報紙作為社會和文化機構的研究。他研究了危機時期現代傳播媒介的社會凝聚力。提到一九四一年的歐洲危機，帕克以為當時傳播變得非常急需。對於美國這樣的參戰國來說，「組織、給予力量，尤其是以一種共同的願望和目的激勵廣大軍隊和全體人民是難以置信與複雜的任務，但是有了傳播的現代手段，它就不是不可能的事了。」帕克把傳播功能分為兩種：參考功能與表達功能。在參考功能中，傳播的是思想與事實；在表達功能中，傳播的是感情、態度與情緒。傳播是一種一體化和社會化的原則，它修正、規範了競爭，產生出道德秩序。傳播能夠也經常加劇競爭，但傳播帶來了更為接近和更加理解，減輕社會緊張。帕克對傳播的表達功能表示憂慮。他認為，電影和連載小說是「道德敗壞」的力量，它們暗中破壞了控制社會的傳統箝制力量，具有社會瓦解與顛覆性的文化影響。他

不滿傳播媒介擴大悠閒消磨的趨向。他說：「這種對冒險的渴望和焦慮，大部分是貧乏虛幻的，因為它是無創造力的⋯⋯在對我們的閒暇無遠見的利用中，我感到美國生活中最大的浪費出現了。」

四、渥爾特・李普曼

渥爾特・李普曼（W. Lippmann, 1889-1974）著有《公眾興論》（*Public Opinion*）、《公眾幽靈》等書。李普曼認為，現代傳播創造了一種無處不在的「虛擬環境」，它妨礙了一般公民根據事實做出政治判斷的能力；人們愈來愈不依賴於自己對真實世界的瞭解，而是對「虛擬環境」做出反應；傳播媒介「經常地引導人們在和外部世界打交道時走入歧途」；介於公眾與廣闊世界之間的專家們，能使「一個無形的巨大的困難環境」變得容易理解。因此，他主張「建立一個獨立的專家組織，幫助那些決策者弄懂那些尚未發現的事實」。

五、保羅・拉扎斯菲爾德

保羅・拉扎斯菲爾德（Paul F. Lazarsfeld, 1901-1976）是美國著名社會學家，曾在哥倫比亞大學建立了應用社會學研究中心。他用聽眾調查方法，探究聽眾為什麼要聽他們所選擇的東西，他們如何利用從大眾傳播媒介中獲得的知識，媒介對他們的投票行為，購物喜好，以及對社會的看法，究竟有什麼影響力，範圍包括了投票研究，競選宣傳研究，及人際親身影響力與傳播媒介影響力的比較研究。拉扎斯菲爾德發現，透過聽眾調查不僅可以瞭解媒體的效力，而且更重要的是瞭解聽眾本身。從一個人所選擇的節目，可以看出他是一個什麼樣的人；聽眾為什麼選擇那些節目收聽；他們如何利用媒體獲得知識，媒體對他們的投票、愛好、生活態度以及他們對社會的看法，有什麼影響力。他以

一九四〇年總統選舉為題,進行了投票行為調查。結果發現決定人們投票意向的,主要並不是來自傳播媒介,而是來自人際傳播。他提出的二手傳播理論,有開拓性的理論貢獻。其亦致力於大眾傳播工具分析(mass media analysis),主要探究與比較各類傳播工具的數量、銷路、組織分布、性質及技術,發現各種傳播並不是互相競爭而是相輔相成的。例如,對知識分子來說,看電視的人也收聽廣播、看電影及閱讀報章雜誌等。這是因為各類傳播具有不同的功能,而不能互相替代之故。他的代表作有《廣播與印刷品》(*Radio and The Printed Page*)、《廣播研究》(*Radio Research*)、《個人的影響力:人在大眾傳播中的作用》(*Personal Infulence: The Part Played by People in the Flow of Mass Communications*)、《投票:對總統選舉中輿論形成的研究》(*Voting: A study of opinion formation in a presidential campign*)等。

六、拉斯維爾

拉斯維爾是美國著名的政治學家。出身於芝加哥大學,他提出了科學的內容分析法,對傳播研究有很大貢獻,他以分析法從事宣傳研究,傳播在國家與社會中的功能研究,政治傳播的研究;先後在該校與耶魯大學任教。他對第一次世界大戰時的宣傳進行了分析,出版了《世界大戰期間的宣傳技巧》(*Propaganda Technique in the World War*)及《世界革命的宣傳》(*World Revolutionary Propaganda*),成為研究宣傳內容的權威。他在一九四八年所寫的一篇文章〈傳播在社會的結構與功能〉(The Structure & Function of Communication in Society)中,提出了傳播的簡單模式(5W):誰(who),說什麼(says what),用什麼頻道(in which channel),對誰說(to whom),有什麼效果(with what effect),以及傳播研究模式(五分法:控制分析、內容分析、管道分析、受眾分析、效果分析),在傳播學研究中具有重要影響。

七、盧因

盧因（Kurt Lewin, 1890-1947）是德裔的美國人，以實驗方法從事傳播研究，他的主要興趣是研究團體中的傳播，他所探討的中心問題是團體壓力、團體規範、團體角色對團體中分子行爲與態度的影響。他採用實驗的方法，對群體怎樣影響個人、群體相互之間影響的效果、傳播媒介怎樣影響群體進行研究。分析領袖人物採取民主、專制、自由放任的領導方法對被領導者有何影響。結論是，使用民主的方法效果最佳。他的代表作是《解決社會矛盾》等。

八、霍夫蘭

霍夫蘭（Carl I. Hovland, 1912-1961）是美國實驗心理學家，對傳播與態度改變感到濃厚的興趣，研究主題包括傳播與說服，態度的組織與改變。戰後，在耶魯大學主持「傳播與態度改變」課題的研究，出版了叢書。他使用嚴謹的實驗方法，逐一求證各種假設，試圖建立一套關於傳播本身效果的理論。他把接受宣傳的個人看作是消極被動的，只能對外界的刺激做出反應，對宣傳者與宣傳方式似乎都無能爲力。他們的這些觀點，後來被稱之爲「槍彈論」。他出版了六部很有影響的傳播理論：《大眾傳播試驗》（*Experiment on Mass Communication*）、《傳播與勸說》（*Communication and Persuasion*）、《勸說的提出》（*The Order of Presentation in Persuasion*）、《個性與勸說力》（*Personality and Persuasibility*）、《態度的組織與變化》（*Attitude Organization and Change*）、《社會判斷》（*Social Judgment*）。

九、施拉姆

施拉姆（Wilbur Lang Schramm, 1907-1987）是美國傳播學的創建者與集大成者，他為社會傳播研究的學科化做出了突出的貢獻。其強調「我們是傳播的動物，傳播滲透到我們所做的一切事情中，傳播是形成人類關係的素材。傳播是社會得以形成的媒介」。一九四八年他在美國伊利諾斯大學創建了第一個傳播學研究所，他出版了《大眾傳播學》（*Mass Communications*）、《大眾傳播的過程和效果》（*The Process and Effects of Mass Communication*）、《傳播與變化》（*Communication and Change*）、《人、訊息和媒介：人類傳播概覽》（*Men, Messages, and Media: A Look at Human Communication*）等。在大眾傳播研究中，所謂傳播內容，指的就是媒介所傳遞的訊息。訊息研究的目的，是瞭解傳播者的意圖和受傳者同訊息之間的相互關係。此外，也可借助媒介所傳遞的訊息來研究某個社會的政治、經濟、文化的歷史、現狀和未來。鑑於大眾傳播媒介種類繁多，內容又非常龐雜，所以無論採用何種內容分析的方法，研究者都必須確定適當的研究範圍，必須把研究限定在一定的傳播媒介上。

十、約瑟夫‧克拉帕

約瑟夫‧克拉帕（J. Klapper, 1917-1984）研究了受眾者選擇信息的心理機制，提出了受傳者心理上的三種選擇性因素：第一是選擇性接受。人們總是願意接受那些與自己固有觀念一致的，或自己需要的、關心的信息，而迴避那些與自己固有觀念不一致或不感興趣的訊息。第二是選擇性理解。對於同一條信息，所持態度不同和信仰不同的人，可以有不同的理解，也就是所謂「仁者見仁，智者見智」。第三是選擇性記

憶。人們總是容易記住自己願意記住的訊息，而容易忘記自己不喜歡的事情。

十一、布西亞

布西亞（Jean Baudrillard, 1929-2007）生於法國，重要著作有《消費社會》（*La Société de Consommation*）、《符號的政治經濟學批判》、《邪惡的透明性：關於極端的現象》等。其所刺激的思考空間大都在社會學的場域之外，特別是在藝術創作及媒體分析的環節裡。其《消費社會》以及《模擬》（*Simulations*），對於後現代主義（postmodernism）有所影響。布西亞特別依靠符號學（semiology）來說明現代的消費，尤其是推衍出「主動操縱符號」，因而在現代社會裡，符號製造和產品生產已結合起來，遂有商品－符號（commodity-sign）一詞。經由傳播媒介和其他方式進行的永無休止地複製符號、形象和模擬的做法，結果就產生一種「失去穩定意義」（loss of stable meaning）的情況，這是後現代主義的一個特徵。

第三節　傳播媒介的社會功能

「傳播」（communications）的英譯字含有「溝通」以及溝通所要傳遞的「資訊」的雙重意涵，人類因為有著使用語言（language）的溝通能力，因此，傳播能力遠遠超過其他動物，除此之外，由於紙筆的發明，使得書寫（writing）不僅成為可能，再加上印刷（printing）以及像是電信、電話、無線電、網路等大眾傳播媒介的發明，在在都使得我們能夠跨越時間與空間的藩籬，進而發生了如同吉登斯所指出的「時空延展」（time-space distanciation）的經驗現象。

在資訊傳播社會中，資訊的取得已經不再是問題，重要的是我們必須透過教育而培養我們的公民選擇、思考、判斷及分析資訊的能力。傳播學大師施拉姆將大眾傳播媒介對個人的功能，歸納為五項：(1)守門人的功能；(2)教師的功能；(3)決策的功能；(4)娛樂的功能；及(5)商業的功能。

一、守門人的功能

舉凡報導性的傳播都為守門人的功能（watchman's function）。打從古代原始社會開始，各部落就分派有守望人，守候在地平線上，發現有了狀況，立即以擊鼓、煙霧作為傳送訊息的媒介，用以警示族人，報告危機與機會，期使社會大眾提高警覺和準備應對。現今則以各種傳播媒介，尤其是新聞媒介，如廣播、電視和報紙，大量又快速地報導消息與傳送資料，使生活在社會中的人認知其環境，瞭解其周遭的事情，以達到守望環境的功能。在訊息網絡中到處都設有守門人。在這些守門人中，記者決定對某一事件究竟有哪些事實應該加以報導；編輯決定在通訊社發布的新聞中有哪些應該刊登，哪些應該拋棄；作家確定有哪些類型的人物和事件值得書寫，什麼樣的人生觀值得反映；電視、電影製片人確定攝影機應該指向哪裡；影片剪輯則在他們的剪輯室內確定影片中應剪掉和保留哪些內容⋯⋯如此等等，不一而足。總之，通訊社發出的新聞，只是在新聞發生地點被人視為重要內容的極小一部分，而人們最後從報紙上讀到或收聽（視）到的新聞，又只占通訊社發出新聞的極小一部分。人們透過傳播媒介所得到的外界形象，實際上已為傳播者所持的關照所左右，影響守門人做出決定的因素是多方面的，包括事件發生的時間、內容、守門人的主觀價值標準，守門人理論強調，傳播者在為受傳者挑選訊息、過濾訊息、放大訊息的過程中，承擔主動、積極和自覺的責任。報導性傳播首要「反映現實」，對事實忠實與客觀的報導。

傳播者不但要具備專業知識，還要兼負社會責任，滿足受播者「知的權利」。

　　總之，報導性傳播的守門人功能具有下列數項：(1)使人們瞭解其生活的環境，以適應環境；(2)報導事實眞相，滿足人們知的權利；(3)達成與新聞來源相接觸的權利，以行監督社會的功能；(4)擔負社會責任，提供民眾瞭解眞相，保障民主自由制度的公平競爭機會；(5)充分提供人們日常生活的資訊，使人們過著更方便、更舒適的生活；(6)對事情前因後果的分析解釋，使人們對事實眞相通盤瞭解。

二、教師的功能

　　教導性的傳播乃扮演教師功能（teacher's function）的角色。一個人在一生中，無不接受各種傳播媒介的教化或影響。一個人的社會化，除了家庭教育與學校教育外，要算受傳播媒介的影響最爲顯著。今天，大眾傳播媒介已成爲實施社會教育和成人推廣教育最有力的工具。在教育發達的國家，無不使用大眾傳播媒介，推動社會教育和推廣教育工作，傳授知識和技術，擴展民眾見聞和意志，藉以提高國民的教育水準，例如空中大學、空中行專、函授學校，以及一般媒介所提供的社教節目，都是在發揮教育功能。對於失學的人或想進修的人而言，大眾傳播媒介可以替代學校正式教育；對於一般的人，大眾傳播媒介也可提供現代社會所需的知識、技術和觀念，以滿足社會大眾求知之欲望。人的社會化是終生的，活到老學到老，需要「終生教育」，在現今的社會中，對人們發生教育作用最大、影響最深，能擔負起全民、全面、全生的教育角色者，莫過於大眾傳播。

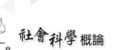

三、決策的功能

說服性傳播的目的主要是提供充分的訊息與意見，以影響受播者的選擇或採取之行動。傳播媒介的決策功能（decision-making function）涵蓋甚廣，從個人日常生活之購物、活動，到選舉投票或公共政策的制定和實施等，均受到傳播的影響。傳播媒介透過報導、廣告或對訊息的解釋說明，使受播者瞭解事實，以採取適當行為的決策。傳播媒介亦可經由興論的方式，對公共事務和公共政策達成共識，造成壓力和制定政策。在今日講究專業分工的民主社會中，不同意見的充分表達與溝通，對各種問題的解決尤其重要。大眾傳播媒介對現實的反映與闡釋，有助於決策形成。

四、娛樂的功能

雖然大眾傳播媒介具有守門人功能、教師的功能與決策的功能，但在現今社會裡，傳播媒介在娛樂上所扮演的角色似有駕乎其他功能之上的趨勢。學者史蒂芬遜（W. Stephenson）在其所著的《大眾傳播遊戲理論》（*The Play Theory of Mass Communication*, 1967）一書中，認為傳播並不是在結合民意做社會控制的工作，傳播之目的主要是為了遊戲，使人愉快，幾乎媒介的全部內容，都含有遊戲和娛人的作用。事實上，目前一般大眾傳播媒介之內容大都是為娛樂，或者是藉著娛樂為手段來達成其他功能。傳播媒介的娛樂功能（entertainment function），主要表現在紓解緊張與調劑身心上。人們為了暫時逃避工作的繁忙與緊張所造成的身心疲勞和精神壓力，往往需要休閒娛樂，以調劑身心，而接觸大眾傳播媒介是最低廉和最經濟的娛樂活動。他們經常以接觸電視當作主要的休閒活動。換言之，電視對他們而言，娛樂功能可能大於其他功

能。其次，傳播媒介的娛樂功能亦表現在發洩情緒的替代作用上。人類在社會化的過程中，必須壓抑不為社會所接受的行為，以便符合社會道德和行為的標準。人有許多的欲望和需求，受到社會規範和公共道德的壓抑，不能隨意表現或發洩出來，個人放棄自己所喜好的行為，而採取他人所認可的行為。面對此種情形，人們會採取各種不同的方式來解除心理上的緊張狀態，例如人們接觸具有刺激性的媒介內容是替代發洩的另一種方式，也是傳播媒介的娛樂功能之一。

五、商業的功能

人們從所接觸的媒介廣告，獲知人事變動與需求，得知新產品與市場消息，瞭解事物的概況與商品特性，這些情報資訊提供我們做正確選擇和決策的消費行為，稱之為商業功能（business function）。假如沒有廣告資訊所提供的情報，我們日常消費行為將大受影響。人們在日常生活中，每天都接觸各種不同的廣告，這些廣告不但告知我們新產品和新事物，同時也指引我們做出適當的選擇與決策。事實上，廣告包含了告知（inform）、教育（educate）及誘導（persuade）三種功能。它不但刺激消費，促進工商發達，增進經濟發展，更維護傳播事業的生存與發展。對工商業而言，廣告是工商業與消費者之間的橋梁。藉著它，工商業提供充分的服務與商品訊息給消費者，以促銷其產品，擴大市場，增加產量，進而促使工商業的發達。對經濟發展而言，舉凡民主國家，自由社會，廣告可促工商業發達，提高國民消費水準，開拓市場，擴大產量銷售。

大眾傳播的積極功能有如上述而言，幫助人們瞭解自己所處的環境外，大眾傳播在社會的消極功能，也早已引起人們的關注。消極功能首先是指它的麻醉性功能，由於大大小小的媒介給人們帶來的訊息量已達到使人難以招架的地步，以致人們除了看報、讀雜誌、聽廣播、看電視

外，已再沒有時間投入任何社會活動；而人們因置身於大量媒介之中，還自以為很瞭解社會，實際上，因沒有時間投入社會活動，他們與社會的關係日益疏遠和淡漠；其次是大眾媒介由於只迎合普羅階層的偏好，降低了公眾的藝術鑑賞力；再次是由於大眾傳播媒介充斥著暴力等內容，對社會（尤其對青少年的健康成長）造成不良後果。

 ## 第四節　傳播媒體與現代社會

　　現代社會制度性常規正在被電子傳播媒介產生的成果所動搖。「民主是否能夠更好，我認為要視在過程中有多少一般民眾參與其中。我其實很樂觀。現在來看，網際網路是參與自己所關心的議題的最好方式之一，在自己所關心的議題上，與其他人相連。網際網路讓大家可以更容易發表意見、找到可以對政治系統產生影響的意見、瞭解其他人的意見。年輕人非常關心環境議題，積極參與網路，而且他們把對於網路科技與環境議題的熱情相結合。這也是我對於未來仍然樂觀的主要原因之一。」這是美國前副總統高爾（Al Gore）於二○○七年五月接受美聯社訪問的一席談話，揭示傳播媒體與公共領域的關聯性。傳播是人類交流信息的一種社會性行為。大眾傳播所運用的工具是非私人性的，並能造成廣泛的心理流動效果。傳播對公共領域的影響是傳播研究上一個相當受重視的議題。德國社會學家哈伯瑪斯將公共領域（mediated publicness）界定為：公民可以自由表達及溝通意見，以形成民意或共識的社會生活領域。其要件是公民應有相等的表達機會，並且自主地形成公共團體，討論的主題則以批評公共事務為主。在現代社會，傳播媒體顯然是公共領域相當重要的構成要件，媒體的功能應該是提供免於壓迫的溝通情境，提供公開、平等、理性的對話空間，讓公共政策得以自由辯論批評（張錦華，1997）。

　　未來學大師奈思比（J. Naisbitt）將資訊、科技視爲引領人們進入二〇〇〇年的主要工具。足見資訊的流通與取得，成爲現代人重要的事務，資訊的流通多半借助於大眾傳播，是以擁有傳播工具等於掌握資訊媒介，也掌控著社會的脈動，其重要性不言可喻。學者湯普生（John B. Thompson）認爲，大眾傳播改變了公共領域的形成方式，傳統的公共領域或公共性是一群人同時出現（co-present）某一「具體地方」，如市集、咖啡館等；在大眾傳播媒介出現之後，社會上的人事物的「公共性」不再需要以一共同的地點爲基底，形成無具體地方的公眾（publics without places），如電視觀眾、收音機聽眾、雜誌報紙讀者等。

　　「媒介的公共性」有三點特色：第一，公共事務可以讓散居不同地方的人「看得到」；第二，「視域」的形成不是公眾可以掌控的；第三，「觀看」的過程是以單一方向進行的。「媒介的公共性」的形成不需要參與者同時出現在特定的空間場域，因而具備擴大參與的優點。人們可以超越時空的限制，對公共議題進行討論。然而，能見度（visibility）成爲進入公共領域的決定性門檻，無法在媒介公共領域出現的議題，將無法被閱聽人「看得到」，形成少數精英宰制的現象。社會科學研究者羅爾斯所著的《正義論》中，檢討功利主義的缺失，強調在契約論的前提下，方能建立起符合「公平正義」的社會秩序。就資訊傳播的特質而言，其已非是傳統性的消費商品，而是深入個人生活的重要單元。然而，在台灣，由於財團的商業壟斷與政府的操縱介入，傳播媒介所形成的公共領域問題更形嚴重。傳播媒介往往是在維護現有社會體制中特定社會階層的優勢，公共領域已被「再封建化」（re-feudalization）。在經濟利益優先及資本主義掛帥的前提下，要使財團在社會良心驅使下自我覺醒，擔負起社會責任，無異空中樓閣。是以政府在宣示建構一個正義公平的社會時，應有捍衛公眾利益的魄力和決心，應爲人民擁有親近資訊權益進行嚴格的把關，訂定合理的規範，使傳播媒體眞正成爲社會公器。近年來，已有不少社會力量在積極推動台

灣傳播結構的改革，這方面還需要社會大眾更多的重視關心以及參與實踐。

隨著科技的發展，傳統媒體的角色與界線已經不復存在，在全球大媒體潮的帶動下，電腦（computer）、通訊（communication）、消費性電子產品（consumer electronics）及數位內容（digital content）的4C媒體匯流成不可避免的趨勢（鄭雯隆，2004），包括3G手機、行動電視、隨選視訊（video on demand）等都是新時代的產物，使得媒體發展隨著載體的一日千里有著快速的變動。然而正如同社會學者賽門（Simon）所說的：「資訊不等於知識」般，不可否認的是，在知識經濟的席捲風暴裡，排斥或是拒絕使用資訊媒體是一項因噎廢食的不智之舉，特別是這些現代化科技已經內化成文明社會裡一種重要的生活方式。這是一個媒體氾濫的時代，各種資訊透過通訊科技，湧向每一個人，如何選擇適當的媒體以獲得該有的資訊？如何就排山倒海而來的資訊中挑選出有用的資訊？如何拒絕垃圾資訊？如何辨別資訊的正確與錯誤？如何管理自己的時間來觀賞、閱讀媒體、資訊？這都是生活在各種媒體充斥，資訊氾濫的現代社會中必須具備的技能，也應包含於學校教學之中，而媒體素養當然是現代公民必須具備的基礎素養。

問題與討論

一、請說明傳播媒介的主要類型的內涵。

二、請說明傳播領域的架構的主要內容。

三、請說明杜威論述傳播的主要內涵。

四、請說明李普曼論述傳播的主要內涵。

五、請說明霍夫蘭論述傳播的主要內涵。

六、請說明布西亞論述傳播的主要內涵。

七、請以傳播學大師施拉姆的論述說明大眾傳播媒介對個人的功
能。

八、請說明「媒介的公共性」的主要特色。

參考書目

一、中文部分

王雲五主編（1971）。《雲五社會科學大辭典》十二冊。台北：台灣商務。

丁庭宇（1968）。《台灣社會變遷的經驗》。台北：巨流。

王星拱（1973）。《科學方法論》。台北：水牛。

王錦堂（1978）。《政治學》。台北：五南。

丘宏達（1977）。《現代國際法》。台北：三民。

朱岑樓（1981）。《我國社會的變遷與發展》。台北：三民。

朱堅章等（1981）。《社會科學概論》。台北：國立空中大學。

沈君山（1984）。《社會科學概論》。台北：東華。

沈中仁（1976）。《環境學》。台北：大中國。

李錦旭（1987）。《社會科學概論》。台北：五南。

李亦園（1979）。《文化人類學選讀》。台北：食貨。

李沛良（1986）。《社會研究的統計分析》。台北：巨流。

李　明（1987）。《工業社會學》。台北：桂冠。

李美枝（1984）。《社會心理學》。台北：大洋。

李聰明（1977）。《現代學校行政》。台北：幼獅。

李建興（1978）。《現代社會學》。台北：巨流。

何沙崙（1992）。《生態學與匱乏政治學》。台北：華泰。

余德慧（1987）。《現代中國人孝養之道》。台北：張老師月刊社。

宋光宇（1977）。《人類學導論》。台北：華欣。

宋楚瑜（1978）。《如何寫學術論文》。台北：三民。

宋楚瑜（1980）。《學術論文規範》。台北：正中。

吳錫堂（1983）。《社會研究法導論》。台北：巨流。

吳靜吉（1989）。《心理學》。台北：國立空中大學。

吳就君（1994）。《家庭如何塑造人》。台北：張老師月刊社。

林紀東（1980）。《行政法》。台北：三民。

林清江（1981）。《教育社會學新論》。台北：五南。

林清江（1988）。《現代化》。台北：台灣商務。

林顯宗（1986）。《社會學概論》。台北：五南。

林萬億（1982）。《當代社會工作》。台北：五南。

金耀基（1980）。《從傳統到現代》。台北：時報。

金耀基（1980）。《中國現代化歷程》。台北：時報。

金耀基（1981）。《現代人的夢魘》。台北：台灣商務。

邱創煥（1977）。《中國社會福利思想制度概要》。台北：台灣商務。

周鴻玲（1988）。《組織社會學》。台北：桂冠。

周一夔（1980）。《人類環境學》。台北：黎明。

胡秉正（1977）。《教育心理學》。台北：三民。

胡幼慧（1995）。《三代同堂——迷思與陷阱》。台北：巨流。

高叔康（1981）。《經濟學新辭典》。台北：大中國。

徐　震（1980）。《社區與社區發展》。台北：正中。

莊仲仁（1974）。《教育大辭書》。台北：台灣商務。

莊懷義（1987）。《教育問題研究》。台北：國立空中大學。

許道鄰（1972）。《行為科學概論》。台北：友聯。

許嘉猷（1987）。《社會階層與社會流動》。台北：三民。

陸民仁（1980）。《經濟學》。台北：三民。

張金鑑（1977）。《政治學概論》。台北：三民。

張恭啓（1979）。《當代文化人類學》。台北：巨流。

張世賢（1992）。《論文寫作研究》（增訂初版）。台北：三民。

張植珊（1984）。《教育與輔導論文集》。高雄：復文。

張春興（1993）。《心理學》。台北：東華。

張錦華（1997）。《公共領域、多文化主義與傳播研究》。台北：正中。

陳少廷（1973）。《現代行為科學》。台北：台灣商務。

陳金貴（2002）。〈非營利組織社會企業化經營探討〉。《新世紀智庫論壇》，第19期。

陳秉璋（1985）。《社會學理論》。台北：三民。

陳秉璋（1989）。《邁向現代化》。台北：桂冠。

陳國鈞（1975）。《社會政策與立法》。台北：三民。

陳麗秋（1990）。《新階層消費的時代》。台北：遠流。

曹俊漢（1983）。《研究報告寫作手冊》。台北：聯經。

黃明堅譯（1981）。《第三波》。台北：聯經。

黃恆正譯（1988）。《符號社會的消費》。台北：遠流。

傅佩榮（1991）。《儒家與現代人生》。台北：業強。

鄭雯隆（2004）。《數位匯流時代來臨，大陸電信業者誓師進軍廣電市場》。經濟部產業技術資訊服務推廣計畫。台北：經濟部。

鄭玉波（2008）。《法學緒論》。台北：三民。

楊國樞（1978）。《社會及行為科學研究法》上、下冊。台北：東華。

楊國樞（1984）。《台灣的社會問題》。台北：巨流。

楊朝祥（1984）。《生計輔導——終生的輔導歷程》。台北：行政院青輔會。

楊雪東等譯（2001）。《全球大變革：全球化時代的政治、經濟與文化》。北京：社會科學文獻。

楊東專、馬雍、馬巨譯（1997）。《古代社會》。北京：北京商務。

葉啓政（1994）。《社會科學概論》。台北：國立空中大學。

覃怡輝（1979）。《比較社會政策與社會安全》。台北：黎明。

葉至誠（1996）。《社會學概論》。台北：永大。

葉至誠（1997）。《社會變遷的理論與現況》。台北：洪葉。

葉至誠（1999）。《專題研究與論文寫作》。台北：商鼎。

詹火生（1982）。《社會行政概論》。台北：黎明。

詹火生（1986）。《社會學概論》。台北：三民。

廖立文（1986）。《當代社會理論》。台北：桂冠。

廖榮利（1992）。《醫療社會學》。台北：三民。

趙鳳培（1979）。《經濟學概要》。台北：巨流。

蔡文輝（1979）。《社會學理論》。台北：三民。

蔡文輝（1982）。《社會變遷》。台北：三民。

蔡文輝（1993）。《社會學》。台北：三民。

蔡宏昭（1989）。《消費者主權時代》。台北：遠流。

蔡漢賢（1977）。《社會工作辭典》。台北：社區發展協會。

蔡明哲（1987）。《社會發展理論》。台北：巨流。

鄭秀美（1989）。《感性消費與理性消費》。台北：業強。

龍冠海（1971）。《社會研究法》。台北：廣文。

龍冠海（1985）。《社會學》。台北：三民。

謝高橋（1982）。《社會學》。台北：巨流。

魏　鏞（1972）。《社會科學的性質及發展趨勢》。台北：台灣商務。

瞿海源（1991）。《社會心理學新論》。台北：巨流。

羅惠筠（1992）。《現代心理學》。台北：美亞。

蕭新煌（1985）。《低度發展與發展》。台北：巨流。

顧　駿譯（1991）。《種族與族類》。台北：桂冠。

行政院研考會編（1984）。《社會科學分類之研究》。台北：行政院研究發
　　展考核委員會。

二、西文部分

Aldrich, Howard E. (1979). *Organizations and Environments*. N. J.: Prentice-Hall.

Alvin Toffler (1970). *Future Shock*. New York: Bantam.

Alvin Toffler (1981). *The Third Wave*. New York: Bantam.

Appelbaum, Richard P. (1970). *The Theories of Social Change*. Chicago: Markham
　　Publishing.

Banks, J. A. (1972). *The Sociology of Social Movements*. London: Macmillan.

Barno, Tibor (1967). *Structural Interdependence and Econmic Development*.
　　London: Macmillan.

Becker, Howard S. (1963). *Outsiders: Studies in the Sociology of Deviance*. New
　　York: The Free.

Bell, Colin (1974). *The Sociology of Community*. London: Fank Cass & Co.

Bell, Daniel (1973). *The Coming of the Post-Industrial Society*. New York: Basic

274

Books.

Berger, Perter (1963). *Invitation to Sociology: A Humanistic Perspective*. N.Y.: Ancho Books.

Blau, Perter (1963). *Formal Organization: A Comparative Approach*. London: Routledge and Kegan.

Blumer, Herbert (1969). *Symbolic Interactionism: Perspective and Method*. Englewood Cliffs, N. J.: Prentice-Hall.

Bulter, Edgar W. (1976). *Urban Sociology*. New York: Harper and Row.

Chapin, Stuart F. (1978). *Cultural*. New York: Century.

Cohen, Albert (1966). *Deviance and Control*. Englewood Cliffs, N. J.: Prentice-Hall.

Comte, A. (1974). *The Positive Philosophy* (A. S. Blumberg, Trans.). New York: AMS Press.

Cooley, Charles H. (1966). *Social Process*. Carbondale: Southern Illinois University Press.

Cloe, Stephen (1980). *The Sociological Method* (3rd ed.). Boston: Houghton Mifflin.

Dewey, J., (1929a) (1958). *Experience and Nature*. N.Y: Dover Publications Inc.

Dewey, J (1927). 《公眾及公眾問題》。紐約：亨利‧霍爾特出版公司。

Dooley, David (1990). *Social Research Method* (2nd ed.), Englewood Cliffs, N. J.: Prentice-Hall.

Dixon, John (1985). *Social Welfare in Asia*. London: Croom Helem.

Eaton, T. H. (1970). *Evolution*. New York: Norton.

Edair, Ronald S. (1976). *Social Change*. Dubuque, Iowa: Wm. C. Brown.

Federico, Ronald C. (1975). *Sociology*. N.Y.: John Wiley & Sons.

Finkle, Jason L. & Richard W. Gable(eds). (1966). *Political Development and Social Change* (2nd ed.). New York: John Wiley.

Francis Bacon, (1605). *Advancement of Learning*. England : Thoemmes Press.

Freeman, David M. (1974). *Technology and Society*. Chicago: Rand McNally.

Gouldner, Alvin (1980). *The Coming Crisis of Welfare Sociology*. New York: Basic

社會科學概論

Books.

Held, D. (Ed.) (1999). *A Globalizing World: Culture, Economics and Politics*. London: Routledge.

Homans, George C. (1950). *The Human Group*. New York: Harcourt, Brace and World.

Inkeles, Alex (1964). *What is Sociology?* Englewood Cliffs, N.J.: Prentice-Hall.

Stanford, Labovitz, & Robert Hagedorn (1981). *Introduction to Social Research* (3rd ed.), New York: McGraw-Hill.

Landis, Judson R. (1974). *Sociology*. Belmont, California: Wadsworth.

Levy, Marion J., Jr. (1949). *The Family Revolution in Modern China*. Cambridge, Mass,: Harvard University Press.

Lenski, Gerhard E. & Jean Lenski (1978). *Human Societies: An Introduction to Macrosociology*. New York: McGraw-Hill.

Martindale, Don (1962). *Social Life and Cultural*. Princeton, N. J.: D. Van Nastrand.

Marshall McLuhan (1964). *Understanding Media: The Extensions of Man* (1st Ed.). N. Y.; reissued MIT Press.

Meadows, D. H., et al. (1972). *The Limits to Growth*. A Report on the Club of Rome's Project on the Predicament of Mankind. New York: Universe.

Mead, George H. (1934). *Mind, Self and Society*. Chicago: University of Chicago Press.

Mills, C. Wright (1956). *The Power Elite*. New York: Oxford University Press.

Milson, Frederick W. (1974). *An Introduction to Community Work*. London: Routledge & Kegan Paul.

Moore, Barrington (1958). *Political Power and Social Theory*. Cambridge, Mass.: Harvard University Press.

Moore, Wilbert E. (1979). *World Modernization: The Limits of Convergence*. New York: Elsevier.

Nisbet, Robert A. (1969). *Social Change and History*. London: Oxford University Press.

Ogburn, William & Meyer, F. Nimkott (1968). *A Handbook of Sociology*. London :

PKP.

Ogburn, William F. (1922). *Social Change*. New York: Viking.

Pareto, Vilfredo (1968). *The Rise and Fall of the Elite*. Totowa, N. J.: Bedmins.

Pareto, Vilfredo (1971). *Manual of Political Economy*. New York: August M. Kelley.

Perrow, Charles (1970). *Organizational Analysis: A Sociological Approach, Belmont*. Ca: Wadsworth.

Phillips, Bernard (1971). *Social Research: Strategy and Tactics* (2rd ed.). New York: Macmillan.

Plato. "Republic Book X." Vincent B. Leitch, et al. (2001). *The Norton Anthology of Theory and Criticism*. New York: Norton, p.67-80.

Popenoe, David (1977). *Sociology*. New Jersey: Prentice-Hall.

Shepard, Jon M. (1990). *Sociology* (4th ed.). St. Paul, MN: West.

Smelser, Neil J. (1962). *Theory of Collective Behavior*. New York: The Free.

Taylor, F. W. (1911). *Principles of Scientific Management*. New York: Harper Brothers Publishing.

Thurow, Lester (1981). *The Zero-Sum Society*. New York: Penguin.

Thompson, J. B. (1995). *The Rise of Mediated Interaction*. The Media and Modernity A Social Theory of the Media.

Tonnies, Ferdinand (1963). *Community and Society*. New York: Happer and Row.

Vago, Steren (1989). *Social Change*. N. J.: Prentice-Hall.

Wallace, Richard C. & Wendy D. Wallace (1989). *Sociology* (2nd ed.). Boston: Allyn and Bacon.

Wallerstein, Immanuel. (1974). *The Modem World-System*. Capitalist Agriculture and the Origins of the European World-Economy in the Sixteenth Century. New York, San Francisco, London: Academic Press, p.3-11.

Weber, Max (1958). *The Pretestant Ethic and the Spirit of Capitalism*. New York: Charler Scribner's Sons.

Weber, Max (1968). *Religion of China*. New York: The Free.

White, Leslie A. (1959). *The Evolution of Culture*. New York: McGraw-Hill.

國家圖書館出版品預行編目（CIP）資料

社會科學概論 = Introduction of social science
/ 葉至誠作. -- 四版. -- 新北市：揚智文化
事業股份有限公司, 2021.08
　　面；　公分

　　ISBN 978-986-298-370-6（平裝）

　1.社會科學

500　　　　　　　　　　　　　110010191

社會科學概論

作　　　者／葉至誠
出 版 者／揚智文化事業股份有限公司
發 行 人／葉忠賢
總 編 輯／閻富萍
特約執編／鄭美珠
地　　　址／新北市深坑區北深路三段 260 號 8 樓
電　　　話／(02)8662-6826
傳　　　真／(02)2664-7633
網　　　址／http://www.ycrc.com.tw
 E-mail ／service@ycrc.com.tw
 I S B N ／978-986-298-370-6
初版一刷／2000 年 1 月
二版一刷／2009 年 12 月
三版一刷／2017 年 7 月
四版一刷／2021 年 8 月
定　　　價／新台幣 350 元